십대, 사회를 말하다

2015년 11월 11일 처음 펴냄

엮은이 한국사회학회
그린이 홍원표
펴낸이 신명철
기획 장원
편집 나익수
디자인 최희윤
펴낸곳 (주)우리교육
등록 제313-2001-52호
주소 (04000) 서울특별시 마포구 월드컵북로 43
전화 02-3142-6770
팩스 02-3142-6772
홈페이지 www.uriedu.co.kr
인쇄 천일문화사

ISBN 978-89-8040-958-7 43330

이 도서의 국립중앙도서관 출판시도서목록(CIP)는
e-CIP홈페이지(http://www.nl.go.kr/ecip)에서 이용하실 수 있습니다.
(CIP 제어번호:CIP2015029503)

십 대,
사회를
말하다

한국사회학회 엮음

우리교육

고교생들의 사회학 '입문'을 축하하며

고교 청소년들과 사회학의 대화와 소통, 그들의 사회학적 상상력 계발과 고취를 목적으로 2012년 시작된 '전국 고등학생 사회학 에세이 및 논문 대회'가 올해로 네 해째를 맞이하였고, 2012년과 2013년에 개최한 1~2회 수상작 15편을 모아 단행본으로 출간하게 되었다. 이 대회가 아직 시작 단계에 있지만, 그간 참여 인원은 꾸준히 증가하였고, 참여 범위도 전국적으로 확대되어 왔다. 작년 말 후기사회학대회에서 열린 제3회 대회 수상작 발표회에서 확인하였던 참가 학생들의 열정, 참신함과 자신감, 그리고 학부모들의 높은 관심은, 얼마나 이런 유의 표현과 소통의 기회가 절실한가를 잘 보여 주었다. 이런 점에서 《십 대, 사회를 말하다》의 출간은 매우 시의적절한 바 있다.

그동안 일반적으로 사회학은 '철학과 거리의 보통 사람들' 사이에 위치하면서, 한편으로는 경험 과학의 성격을 그 특징으로 하지만, 다른 한편으로는 그 '경험'의 요소들을 더 근원적인 철학적 질문들과 연결시키며 그 의미를 해석하고자 늘 시도하여 왔다. 바로 그렇기에 사회학자들은 요즈음과 같이 국가의 경계를 넘어 글로벌한 차원에서, 동시에 심층적 성격을 갖는 사회 변동을 '경험적 차원'에서 파악 분석하고, 그것의 '철학적인 의미'를 부여할 이론, 방법론적 자원을 스스로 갖추고 있다고 자부하여 왔다.

그렇지만, 이와 같은 사회학의 정체성과 잠재력은 모든 것을 '이윤'과 '효율'이라는 단차원적이고 근시안적인 잣대로 재단하고자 하는 작금의 사회적, 제도적 압력과 갈등을 일으킨다. 동시에, 이 상황에서 사회학적 관점과 상상력의 매력과 무한한 가능성을 더욱 더 개발하고, 더 널리 알리며, 상호 소통의 장을 넓히는 것은 이제 사회학자들의 긴박한 의무가 되었다. 이 점에서 이번 '고교생 논문 대회' 개최와 《십 대, 사회를 말하다》 출간의 의미를 다시금 확인한다.

이 기회를 빌려, 대회를 출범시키고 이끌어 주셨던 이은진, 정진성, 윤정로 전임 회장님들과 운영 위원님들, 대회의 구상부터 실현까지 도맡아 헌신해 주신 이철, 노진철, 이재혁, 송유진, 전상진, 김현주, 최영돈, 김태균, 성문주, 지주형 선생님 등 대회 진행 및 심사 위원님들, 그리고 심사의 여러 단계마다 열정적으로 일해 준 조교들, 묵묵히 뒤에서 대회의 실행을 도와준 사회학회의 노을 사무국장, 그리고 출판계의 어려운 여건 속에서도 출간을 기꺼이 맡아주신 (주)우리교육에 감사를 드린다.

그리고 무엇보다도 참가해 준 우리 고교생들에게 깊은 감사의 마음을 전하며, 그들의 사회학 '입문'을 축하드린다. 그들의 참신한 분석력과 번뜩이는 통찰력이 더욱 성장하기를 기대하면서……

2015년 10월 30일 한국 사회학회장 김무경 드림

신선한 자극과 고민의 기회

인문학과 사회과학이 위기라고 합니다. 각박한 경쟁 속에서 바쁘게 살아가다 보니 잠시 멈춰서 주변을 돌아보고, 내가 살고 있는 세상에서 무슨 일이 일어나는지 관찰하고 생각하는 시간이 없어진 모양입니다. 특히 대학 입시와 취업난에 시달리는 젊은이들은 사회에서 일어나는 일에 관심을 기울이고, 비판적으로 사고하며, 건설적으로 토론하는 기회를 가지기 힘듭니다. 우리의 앞날을 짊어질 젊은이들이 이런 현실에 처해 있음을 우려하게 됩니다.

지난 2012년, 고등학생들을 대상으로 잠시라도 주변과 사회에 눈을 돌려 관찰하고 생각할 수 있는 기회를 주고자 한국사회학회에서는 '고등학생 사회학 논문 대회'를 시작하게 되었습니다. 처음에는 많은 걱정이 있었습니다. 많은 학생들이 관심을 가지고 참여할까, 혹시나 대회의 취지가 변질되어 대학 입시를 위한 스펙 쌓기로 이용되지는 않을까, 표절이나 대필은 없을까 등의 걱정이었습니다. 그러나 투고된 글들을 보면서 대회를 진행하고 심사를 하던 모든 분들은 저희의 걱정이 기우라는 것을 알게 되었습니다.

저희가 미처 생각하지 못했던 다양한 주제들에 대하여 열심히 고민하고 노력한 흔적들이 보였습니다. 자신들의 주변에서 쉽게 관찰할 수 있는 학교나 가족에서 일어나는 일들을 주제로 한 글에서는 요즘 고등학생들의 생활과 생각을 엿볼 수 있었습니다. 자신이 살고 있는 지역 사회나 한국 사회 전반에서 일어나는 일들을 주제로 한 글에서는 고등학생들의 비판적인 성찰과 시각을 이해할 수 있었습니다. 고등학생이기 때문에 아직은 서투르고 어색한 글쓰기와 논리 전개가 있었지만 이런 면들이 오히려 '학생다운 신선함'을 더해 주었습니다.

첫해에는 청소년들을 대상으로 하거나 학교생활에서 소재를 찾은 글들이 많았습니다. 사회적인 주제로는 당시 상황을 반영하는 학교 폭력이나 비정규직 등의 문제가 거론되었습니다. 설문 조사나 직접 면접, 혹은 현장 방문 및 관찰 등 다양한 방법이 사용되었습니다. 학생이기 때문에 짜임새가 부족하고 어설픈 면도 있었지만 많은 시간과 노력을 들여 고민을 한 흔적이 보였습니다. 논문용 글쓰기에 익숙하지 않아서 에세이처럼 글을 쓴 경우도 있었지만 오히려 진솔함과 풋풋함이 묻어 있었습니다.

여러 명의 심사 위원들이 표절 심사, 1차 심사, 2차 심사를 마치고 서로 비교 확인한 후 최종적으로 면접을 실시하였습니다. 면접에서는 대필이나 표절 가능성을 가리기 위하여 내용에 관한 질문들을 주로 하였습니다. 면접에서 만난 학생들은 모두 수줍어했지만 당당하고 자신 있게 자신들의 의견을 이야기하여 면접 위원들을 놀라게 했습니다. 대학 입시 준비에 찌들어 주변과 사회에 무관심할 것이라는 우려와는 달리 고등학생들이 깨어 있는 시각으로 끊임없이 주변을 관찰하고 사고한다는 사실이 고무적으로 다가왔습니다.

둘째 해를 준비할 때에는 첫해의 시행착오들을 반영하여 일정과 대회의 명칭을 조정하였습니다. 학생들이 미리 대회를 준비할 수 있도록 일정을 앞당겼고, 학생들이 논문 쓰기에 익숙하지 않은 점을 고려하여 '고등학생 사회학 에세이 및 논문 대회'로 이름을 바꾸었습니다. 두 번째 해에는 첫해에 비하여 응모작도 많아지고 주제도 훨씬 다양해졌습니다. 사회적인 이슈와 문화적인 주제가 다수를 차지하였습니다. 응모된 글들에는 고등학생들의 참신한 시각이 반영되었고 심사위원들은 학생들의 글을 읽으면서 신선한 자극을 받았습니다.

첫해와 마찬가지로 면접에서는 대필과 표절을 밝히기 위하여 내용에 관한 질문들을 많이 하였습니다. 면접에 참여한 학생들은 모두 학생다운 긴장감과 수줍음은 있었지만 밝고 자신 있게 자신들의 의견을 밝혔습니다. 학생들의 발랄함과 생기 있는 모습과 동시에 진중하고 진지한 모습은 면접위원들에게 모두 깊은 인상을 주었습니다.

이 책에 수록된 글들은 '고등학생 사회학 에세이 및 논문 대회' 수상작 중 일부입니다. 수상했던 학생들 중 출판을 원한 경우에 한해서만 선택되었습니다. 수상작들을 읽으시는 분들은 저와 같은 경험을 하실 것이라고 생각합니다. 어쩌면 약간은 틀에 박히고 생각이 굳어졌을지도 모르는 어른들에게는 신선한 자극을 줄 것입니다. 동년배 학생들에게는 내가 무심히 지나쳤던 주변과 일상을 돌아보거나, 이 책에 실린 글을 쓴 친구는 왜 나와 다른 혹은 같은 생각을 했는지 고민하는 기회를 줄 것입니다.

이 대회가 지속되고 더욱 확대되기 위하여 앞으로 더 많은 노력과 준비가 필요할 것입니다. 특히 고등학생들의 지속적인 관심이 가장 중요합니다. 고등학생들이 계속해서 주변과 사회에 관심을 가지고 비판적으로 사고할 수 있는 기회를 만들어 주는 것이 어른들의 몫이라고 생각합니다. 많은 분들의 관심과 격려를 바라면서 앞으로도 대회가 성공적으로 지속될 수 있기를 기원합니다.

2015년 10월 30일
송유진_동아대학교 사회학과

차례

2회 대회 대상

왜
광주보다
부산에
새마을기가
더 많을까?

광주 살레시오고등학교 3학년 장효민

태극기보다 새마을기가 더 많아 보였던 도시

광주에서 고등학교에 다니고 있는 나는 지난겨울 처음으로 부산에 가 보았다. 그때 부산에서 가장 인상적이었던 것 중 하나가 바로 '새마을기'였다. 맨 처음 들른 백산기념관에서부터 마지막으로 들른 동백섬 인근의 아파트 단지까지, 도시 곳곳에서 새마을기가 펄럭이고 있었다. 때로는 십여 개의 깃발이 줄지어 펄럭이고 있어 '태극기보다 새마을기가 더 많은 건 아닐까' 하는 생각도 잠깐 들었다.

기억 저편에 묻혀 있던 부산의 새마을기가 다시 떠오른 것은 올 4월에 읽은 한 기사 때문이었다. 그 기사는 전북 관공서에 내걸린 새마을기를 내려야 한다는 전북 시민 단체들의 주장을 싣고 있었다. 기사에 따르면 1994년 이후 새마을기 게양은 기관 자율에 맡겨졌고, 선관위, 검찰 및 경찰을 비롯한 대부분의 관공서는 새마을기를 게양하고 있지 않다고 한다. 다만 서울시청을 제외한 나머지 지역 청사들은 새마을기를 게양하고 있다고 한다.[1]

그 기사를 읽고 불현듯 부산에서 보았던 새마을기가 떠오르면서, 혹시 내가 살고 있는 광주에도 새마을기가 걸린 곳이 있을까 궁금해졌다. 나와 주변 사람들의 경험과 포털의 지도 서비스를 이용해 탐색해 본 결과 일반 거리에 새마을기가 걸린 곳은 찾아볼

---

1. '때 아닌 새마을기 게양 논란' 〈한국일보〉 2013년 4월 12일자.

수 없었다. 다만 광주광역시청과 북구·동구·남구·광산구청 및 일부 주민센터 같은 주요 청사에는 새마을기가 걸려 있었다.[2] 그러나 나를 비롯한 다른 사람들 역시 이러한 지역 청사들을 무수히 많이 지나다니면서 그곳에 태극기와 함께 새마을기가 걸려 있다는 것을 의식한 적이 없었다. 즉 새마을기가 일상의 거리가 아닌 청사의 한쪽, 태극기 옆에만 게양되어 있는 이상 광주 시민들에게 새마을기는 완전히 무의식 속에 묻혀 있었다.

반면 포털의 지도 서비스로 부산의 주요 관공서를 찾아본 결과 부산광역시청과 15개 구청, 1개 군청, 그리고 거의 모든 주민센터 등 관공서에 새마을기가 걸려 있었음은 물론이고,[3] 이러한 관공서뿐만 아니라 하천 다리, 아파트 출입구, 학교 둘레, 천변, 대로 등 일상적인 공간에도 새마을기가 태극기 옆에 걸려 있거나 혹은 십여 개씩 줄지어 게양되어 있었다. 즉 광주와는 달리 거리를 걷다 보면 누구의 눈에나 띌 수밖에 없는 일상적인 공간에 새마을기가 게양되어 있었다.

무엇이 이러한 차이를 나았을까? 그리고 광주와 부산에서 새마을기가 의미하는 것은 무엇일까? 이 글은 '왜 광주보다 부산에 새마을기가 더 많을까?'에 대한 답을 찾아가면서, 오늘날의 광주와 부산 두 지역사회에서 새마을기가 갖는 의미를, 그리고 한국 사회

---

2. 광주광역시에는 북구, 동구, 남구, 서구, 광산구 등 5개 구가 있는데, 이중 서구청에는 새마을기가 걸려 있지 않았다. 주민센터(동사무소)의 경우 새마을기가 없는 곳도 꽤 많았다.
3. 주민센터의 경우 여건상 모든 곳을 찾아보지는 못했지만, 20여 군데를 찾아본 결과 모두 새마을기가 게양되어 있었다.

에서 갖는 의미를 탐구하고자 하였다.

부산에서 새마을기가 표상하는 것

1993~1994년 즈음 행정쇄신위원회에서 지자체의 새마을기 자율 게양이 결정되었고, 1995년 10월 서울시 청사에서 새마을기가 내려졌다.[4] 다른 지자체에서 새마을기를 내리려는 시도는 새마을운동중앙협의회 등의 반발로 무산되었고, 그 이후로는 지역 청사의 새마을기 게양 문제에 대한 별다른 사회적 논의나 관심이 없었다. 요즘에는 그 존재 자체를 시민들이 잘 의식하지 못하며, 따라서 부산이든 광주든 주요 청사에 게양되어 있는 새마을기는 특별한 의미를 갖지 않는다고 보아도 무방할 것이다. 하지만 부산의 일반 거리에 게양된 새마을기는 시민들의 눈에 잘 띄는 일상적인 공간에 노출되어 있다는 점에서 관공서에 걸려 있는 새마을기와 분명 그 의미가 다르다. 그렇다면 부산 거리 곳곳에 게양되어 있는 새마을기가 의미하는 것은 무엇일까?

나는 처음에 새마을기가 의미하는 것이 당연히 새마을운동일 것이며, 따라서 새마을기가 게양된 정도의 차이는 과거 새마을운동의 정도의 차이를 반영하는 것이라고 생각했다. 그러나 조사 결

---

4. 〈동아일보〉 1995년 9월 16일자 1면 기사.

과 1970년대 새마을운동 과정에서 마을 단위의 차별 지원은 있었지만 지역 단위의 차별 지원이 있었음은 확인할 수 없었다.[5]

게다가 새마을운동은 주로 농촌 지역에서 성과를 거두었고 72년 이후 도시로 확대된 도시·공장 새마을운동은 거의 성과를 거두지 못했다.[6] 때문에 도시 지역인 부산에서 새마을운동이 특별히 의미 있는 사건이라고 보기 어려웠다. 또한 90년대 초반의 신문을 보면 새마을운동은 일반적으로 '유신의 상징'으로 이해되고 있었으며,[7] 따라서 유신 타도의 시발점이었던 부산에서 새마을운동이 본래부터 친숙한 사건이라고 할 수는 없었다. 즉 오늘날 부산 거리 곳곳에 게양된 새마을기는 단순히 새마을운동 자체를 의미한다고 보기 어려우며, 그 이상의 어떤 것을 의미한다고 생각할 수 있는 것이다.

그래서 나는, 부산의 새마을기가 새마을운동 자체가 아니라, 새마을운동으로 상징되는 과거의 권위주의 독재 정권을 표상한다는 새로운 가설을 세웠다. 새마을운동에 익숙하지 않은 지역이라면 새마을기가 연상시키는 것은 새마을운동 그 자체보다, 그것과 강하게 연결되어 있는 과거의 권위주의 독재 정권일 것이다. 대중적

---

5. http://theme.archives.go.kr/next/semaul/viewMain.do; 예를 들어 79년에 내무부에서 발간한 '우수새마을일람1979'를 보면 우수 새마을로 선정된 마을이 지역별로 경기는 15개 마을, 강원은 5개 마을, 충북은 10개 마을, 충남은 10개 마을, 전북은 7개 마을, 전남은 10개 마을, 경북은 11개 마을, 경남은 10개 마을, 제주는 4개 마을이었다.
6. 도시·공장 새마을운동에 대해서는 이광일, 《박정희 체제, 자유주의적 비판 뛰어넘기》, 메이데이, 2011, 163~177쪽을 참조하였다.
7. 예컨대 〈동아일보〉 1992년 2월 5일자 기사는 새마을운동을 '10월 유신'의 상징으로 표현하면서, 새마을운동에 대해 시민들이 갖고 있는 반감을 자세히 보도하였다.

인 인식 속에서 실제로 새마을운동은 그것을 일으켰던 박정희 정권을, 때로는 박정희 전 대통령 개인을 직접적으로 연상시킨다는 것을 확인할 수 있었다. 그리고 90년대 초까지만 하더라도 새마을운동은 '유신의 상징'으로서, 억압적 독재 정권의 상징으로 인식되었지만, 최근에 들어서는 과거의 권위주의 정권을 상당히 '긍정적으로' 표상한다는 것을 확인할 수 있었다.

유신 체제의 막을 내리는 데 결정적인 역할을 했던 부산 사회에서, 요즘에는 과거의 권위주의 정권을 긍정적으로 표상하는 새마을기가 어떻게 거리 곳곳에 내걸릴 수 있게 되었을까? 그 과정은 곧, 새마을기가 '유신의 상징'을 넘어 과거의 독재 정권을 '긍정적으로' 표상할 수 있게 된 과정과 같았다.

1990년대 초반 관공서를 비롯한 전국의 학교와 거리 곳곳에서 새마을기가 내려진 이후 관공서에는 다시 새마을기가 게양되었지만 일상의 공간에서 새마을기는 좀처럼 부활하지 못했다. 그러다가 다시 부산에서 새마을기가 확산된 것을 민주화 이후 한국 사회의 변화—민주주의적 가치의 망각과 권위주의 정권에 대한 재평가 시도, 그리고 그러한 흐름과 함께 강화되어 온 지역 구도의 확산—와 연결시켜 이해할 수 있겠다.

부마항쟁이라는 역사적 사실뿐만 아니라 당시의 선거 결과를 통해서도 당시 부산 시민 사회가 권위주의 정권, 즉 유신 체제에 대해 가진 인식이 결코 긍정적이지 않았다는 것을 알 수 있다. 실제로 부산에서 여당 지지는 갈수록 낮아지고 있었으며, 대선이 사라

진 70년대 총선에서는 압도적으로 야당을 지지하였다.[8]

이러한 부산 사회에서 새마을기가 다시금 나부낄 수 있게 된 것은 1990년의 '3당 합당'을 기점으로 해서인 것으로 보인다. 3당 합당은 비호남 대 호남의 지역주의 구도를 공고화하고, 부산 시민 사회에서 과거 권위주의 정권에 대한 비판적인 의식이 형성될 만한 조건을 제거함으로써, 그것을 상징하는 새마을기가 다시금 게양될 수 있는 조건을 형성한 것이다.[9] 3당 합당을 기점으로 부산 사회가 보수화되고 과거 권위주의 정권에 대한 기억을 재구성하려는 시도가 확산되면서, 90년대 초반까지만 해도 유신의 상징으로 기억되던 새마을운동에 대한 기억을 재구성하려는 시도도 확산될 수 있었다. 그러한 시도가 가장 적극적이면서도 은밀하게 표출된 것이 바로 일상적인 공간으로 새마을기가 확산된 것이었다.

새마을운동중앙회와 같은 관변 단체들이 새마을기를 다시금 확산시켜 나갈 때, 민주화 이후 꾸준히 보수화의 길을 걸었던 부산 사회에서는 그에 대한 비판적인 인식이 다시 싹트기 어려웠을 것이고, 그것을 묵인하거나 무의식적으로 수용하게 되었을 것이다. 그

---

8. 부산에서 당선된 국회의원은 1963년 제6대에서 민주공화당 5명, 민정당 1명(김영삼), 추풍회 1명이었고, 1967년 제7대에서 민주공화당 2명, 신민당 5명이었고, 1971년 제8대에서는 민주공화당 2명, 신민당 6명이었다. 한 지역구에서 두 명의 국회의원을 뽑기 시작한 1973년 제9대 총선에서는 4개의 선거구 8개의 자리를 민주공화당과 신민당이 절반씩 가져갔는데 제4선거구를 제외한 나머지 3개의 선거구에서 신민당의 득표율이 더 높았다. 1978년 제10대 총선에서는 5개의 선거구 10개의 자리에서 제1선거구에서는 신민당과 무소속 국회의원이 당선되었고 나머지 9개의 선거구에서는 신민당과 민주공화당이 절반씩 가져갔는데 역시 신민당 득표율이 더 높았다.
9. 3당 합당 이후 정치 지형의 변화에 대해서는 강원택, 〈3당 합당과 정당 정치의 구조적 변화〉, 《탈냉전사의 인식》, 한길사, 2012를 참조하였다.

리고 시간이 흐를수록 지역 구도의 공고화와 함께 부산의 보수화도 가속화되었고, 과거 독재 정권에 대한 비판적 기억의 망각도 가속화되었다. 이미 일상의 공간에서 수용되기 시작한 새마을기는 시민들의 무의식 속에 반복적으로 노출됨으로써, 그것이 직접적으로 표상하는 과거의 권위주의 정권에 대한 거부감을 경감시켰고, 때로는 막연한 향수와 친숙함까지 불러일으키기도 했다.

이러한 상황들의 상호작용 속에서 마침내 부산 시민 사회에서 과거 독재 정권에 대한 기억의 재구성이 상당한 수준으로 이루어지게 되었고, 과거 유신의 상징이었던 새마을기는 다시금 부산의 거리 곳곳에서 펄럭일 수 있게 된 것이다. 여전히 과거 권위주의 독재 정권을 상징하지만, 예전과는 달리 그것을 '긍정적으로' 표상하면서 나부끼게 된 것이다.

광주에 다시 나부끼는 새마을기

광주 역시 부산과 마찬가지로 도시 지역이기 때문에 새마을기는 새마을운동 자체보다는 과거의 권위주의 독재 정권을 표상한다. 하지만 민주화 이후 일련의 사회적 흐름 속에서 부산의 새마을기가 독재 정권을 '긍정적으로' 표상하게 된 것과는 달리 광주에서 새마을기는 여전히 과거의 독재 정권을 부정적으로 표상하며, 그것에 여전히 거부감을 가지고 비판적인 기억을 유지하고 있다.

그렇다면 민주화 이후의 어떤 사회적 흐름이 이와 같은 차이를 낳았을까?

1990년의 3당 합당 이후 공고화된 호남 지역의 정치적 고립을 타개하기 위하여 광주 지역 사회가 선택한 길은 정치적으로 더욱 진보적으로 나아가는 것이었다. 광주의 진보적 정치 성향은 단순히 지역 소외 의식에 기초한 것이라기보다, 지역 간의 연합이 불가능한 고립 상황에서, 지역 간 연합 대신 정치적 성향에 따른 연합을 도모하여 지역주의 구도를 타개하기 위한 노력의 소산이었다.

민주화 이후 지속적으로 강화된 지역주의 경향 속에서 더욱 진보적인 정치 성향을 가지게 되었다. 뿐만 아니라 5·18의 참상을 적나라하게 경험했던 광주 시민 사회에서 과거 독재 정권에 대한 비판적 기억은 비교적 또렷하게 유지되었고, 그 기억을 재구성하려는 시도도 거부되어 왔다. 따라서 그것을 직접적으로 표상하는 새마을기를 시민의 일상적 공간으로 확산시키려는 움직임은 시도되기 어려웠다.[10]

그런데 최근 광주에서 새마을기가 새롭게 내걸리는 것을 속속 목격하였다. 올해 5월 중순 광주시 북구에 위치한 신안교라는 작은 다리를 지나는데 한쪽에 십여 개의 새마을기가 줄지어 펄럭이고 있었다. 그리고 북구선거관리위원회와 같이 원래는 새마을기가

---

10. 참고로 새마을운동중앙회의 홈페이지에 따르면 새마을지도자중앙협의회에서 광주 지역의 회원수는 50명으로 이북5도의 100명보다도 적고 전국 시도 중에서도 가장 적다. 서울의 회원수는 400명, 부산은 2,100명이다. 직장·공장새마을운동중앙협의회의 경우에는 새마을지도자수가 광주는 1명으로 가장 적고 부산은 387명이다.

게양되어 있지 않던 정부 기관에 새마을기가 새롭게 게양된 것을 확인하였다.

이처럼 아주 최근에 광주에서 다시 새마을기가 확산될 기미가 보이는 것은 광주 역시 시간이 흐르면서 과거 권위주의 정권에 대한 비판적 기억의 망각이 심화되고, 그 기억을 재구성하려는 시도가 점차 힘을 얻고 있다는 것을 의미할 것이다.

그러나 이러한 새마을기의 확산은 앞으로도 쭉 이어지기는 힘들 것이다. 아직 과거의 권위주의 정권에 저항하며 꾸준히 민주주의적 가치를 지향해 왔던 역사의 무게가 과거를 재구성하려는 망각의 무게보다 훨씬 무거울 뿐 아니라, 광주 시민 사회 일반에서 민주주의의 역사는 과거에 그치는 것이 아니라 현재 진행 중인 역사로서 인식되고 있기 때문이다. 비록 최근의 정치적 변화가 새마을기의 확산을 용이하게 하고 있지만, 그런 일시적 변화보다 광주 시민 사회가 공유하는 지속적인 역사의 흐름이 더 큰 힘을 발휘할 것이다.

부산과 광주의 새마을기가 잃어버린 것과 잊어버린 것

앞에서 지적했던 것처럼, 도시 지역인 부산에서 휘날리는 새마을기는 70년대의 새마을운동 자체를 나타낸다기보다 과거의 권위주의 정권을 표상한다고 봐야 한다.

그런데 부산의 거리에서 나부끼는 새마을기가 잃어버린 것이 있다. 바로 새마을운동 본연의 정신과 가치이다. 요즘에는 간혹 새마을운동의 모든 공이 그것을 기획한 당시의 권위주의 독재 정권에, 특히 박정희 대통령 개인에게 돌아가곤 하지만, 새마을운동에 호응하여 '새마을'을 만들자던, '잘살아 보자'는 농민들의 열정과 의지가 없었다면 새마을운동은 결코 성공할 수 없었을 것이다.[11] 오히려 국가는 일방적인 운동 방향을 강제함으로써 농촌의 자치적 협의 기구를 소멸시키고, 가시적인 성과와 정신 계도를 주목적으로 한 새마을운동 이외에는 농촌 문제 해결을 위한 실질적인 조치를 거의 취하지 않았다.

따라서 새마을운동의 공은 그것을 기획했던 권위주의 정권보다는 당시 농촌 진흥을 위해 힘썼던 농민들에게 있다고 해야 할 것이며, 새마을기가 표상하는 것 역시 과거의 권위주의 정권이 아니라 거기에 응축된 당시 농민들의 열망이어야 할 것이다.

부산의 새마을기가 잃어버린 것은 바로 그것이다. 더 나은 농촌과 삶을 위한 농민들의 열정이라는 새마을운동의 본질과 가치를 망각하고 권위주의 정권을 상징하는 것으로만 이용되고 있는 것이다. 새마을기가 새마을운동의 가치를 망각하고 과거 권위주의 정권의 사회적 복권을 목적으로 할 때, 과연 그것은 그 자체적으로 어떤 의미를 가질 수 있을까? 정치적 의도를 위해 새마을운동을

---

11. 새마을운동 과정에서 농촌 사회의 내부적 노력에 대해서는 김영미, 《그들의 새마을운동》, 푸른 역사, 2009를 참조하였다.

재가공하고 재처리했다는 의미밖에 가질 수 없을 것이다.

부산과 광주가 함께할 수 있는 깃발은 무엇일까?

부산과 광주 두 지역 사회에서 새마을기가 게양되어 온 모습의 차이는 곧 민주화 이후 두 지역 사회의 향방, 나아가 한국 사회의 향방이 어떠했는가에 대한 문제이기도 하다. 민주화 이후 강화된 지역주의 구도, 그리고 부산의 보수화와 광주의 진보적 성향이 결국 새마을기가 게양되는 모습에도 차이를 낳았기 때문이다.

민주화 이후 지역 구도 속에서 보수화로 나아간 부산 사회에서는, 본래 부산을 온전히 상징하는 깃발일 수가 없는 새마을기가 부산의 깃발로 자리매김해 갔다. 반면 민주화 이후 광주에서는 '임을 위한 행진곡' 속 '깃발만 나부껴'의 그 깃발이 계속해서 광주의 깃발로 자리매김해 왔다. '새날이 올 때까지 흔들리지 말자'며 엄혹했던 독재 정권에 저항해 왔던 기억이 또렷하고, 시민 사회가 함께 민주주의적 가치의 확산을 위해 노력해 왔던 역사가 현재 진행형으로 인식되는 광주에서 '임을 위한 행진곡의 깃발'을 대신하여 새마을기가 광주의 깃발이 될 수는 없었다.

사실 광주의 깃발, 즉 임을 위한 행진곡의 그 깃발은 원래 광주만의 깃발이 아니었다. 그것은 과거 권위주의 정권에 맞서 민주화를 위해 노력했던 한국 사회 모두의 깃발이었고, 부산의 깃발이기도 했다. 하지만 가시적인 민주화의 성공 이후, 지역 구도의 강화와 함께 부산이 보수화하면서 더 이상 임을 위한 행진곡의 깃발은 부산의 깃발이 되지 못했고, 그 빈자리를 새마을기가 채워 나갔다.

오늘날 지역주의가 하나의 되돌릴 수 없는 흐름처럼 고착화되어 버렸지만, 바로 이런 때일수록 우리 사회의 현주소를 되돌아봐야 할 것이다. 새마을기가 전국으로 확산되어 가려는 바로 이때가, 민주화 이후 우리 사회가 어떤 길을 걸어왔는지를 성찰할 때인 것이다.

민주화 이후 우리 사회는 임을 위한 행진곡의 깃발에 무신경해 왔다. 민주주의를 위해 함께 노력했던 과거를 점차 망각하고, 새롭게 기억을 재구성하고 재구성된 과거를 상징하는 새마을기만을 쳐다봐 왔다. 지금 이때에 다시 한 번 되돌아봐야 할 우리 사회의 과거는 새마을기가 표상하는 과거보다는 민주주의 실현을 위해 함께했던 과거일 것이다.

이 글은 "왜 광주보다 부산에 새마을기가 더 많을까?"라는 질문에 대한 답을 찾아가면서 쓴 글이다. 새마을기가 표상하는 것이 무엇인지 검토하고, 그것이 부산과 광주에서 갖는 의미를 검토하였다. 그러한 과정을 거쳐 이 글이 도달한 답은 민주화 이후의 지역 구도의 공고화가 새마을기의 차이를 낳았다는 것이었다. 새마을기와 함께 민주화 이후 우리 사회의 변화를 살펴보았던 지금까지의 탐구를 마치면서 다음과 같은 새로운 질문을 던져 본다.

그렇다면 부산과 광주가 함께할 수 있는 깃발은 무엇일까?

▶참고 문헌
• 김수행·박승호, 《박정희 체제의 성립과 전개 및 몰락》, 서울대학교출판부, 2007.
• 김영미, 《그들의 새마을운동》, 푸른역사, 2009.
• 박인휘·강원택·김호기·장훈 외, 《탈냉전사의 인식》, 한길사, 2012.
• 이광일, 《박정희 체제, 자유주의적 비판 뛰어넘기》, 메이데이, 2011.
• 최길성, 《친일과 반일》, 다락원, 2004.

▶참고 사이트
• 국가기록원 새마을운동 기록정보서비스 http://theme.archives.go.kr/next/semaul /
  viewMain.do
• 네이버 뉴스 라이브러리 서비스 http://newslibrary.naver.com
• 새마을운동중앙회 http://www.saemaul.com
• 중앙선거관리위원회 선거통계시스템 http://info.nec.go.kr
• 다음 지도 서비스 http://map.daum.net

1회 대회 은상

돈의 정의와
이로 인해
파생되는
돈의 성질

제주 남녕고등학교 3학년 양성택

머리말

상황을 가정해 보자. 먼 미래 타임머신이 만들어지고, 멍청하지만 부자인 톰은 타임머신을 이용하여 조선 시대로 간다. 그는 우선 허기진 배를 달랠 겸 국밥집으로 들어가 국밥을 먹는다. 국밥을 다 먹은 뒤에 그는 국밥집 주인에게 5만 원짜리 지폐를 주고, 싱긋 웃으며 말한다. "나머진 팁입니다." 그 후에 그는 어떻게 되었을까?

대부분의 사람들은 앞에서 말한 톰의 미래를 어느 정도 예측할 것이다. 아마 그는 무전취식으로 몰매를 맞고 국밥집에서 쫓겨나거나 옥살이를 했을지도 모른다. 왜 이런 일이 일어난 걸까? 그 까닭은 바로 돈이 가진 정의와 그 성질에 있다. 이 글이 지금부터 설명하는 바는 바로 그에 관한 것이다.

돈의 정의

돈의 성질을 알기 전에 돈 자체에 대해서 알아보자. 돈이란 무엇인가? 이를 간단히 정의하자면, 돈이란 '자원을 획득할 권리를 보장하는 사회적 약속'이다. 다시 말하자면 1만 원권 지폐는 이 지폐를 지불함으로써 1만 원만큼의 권리를 얻을 수 있도록 하는 약속인 셈이다.

여기에 나오는 단어들은 그 자체로 중요한 성질들을 내포한다.

먼저 '사회적 약속'이라는 낱말은 돈의 사회성을 내포한다. 이 약속의 신뢰성이 없거나 약하다면, '머리말'의 톰과 같이 곤란한 경우가 발생할 수 있고, 또 이러한 신뢰성의 약화가 사회적으로 확산된다면 돈의 신뢰성 자체에 문제가 생겨, 사회적 혼란이 발생할 수 있다. 실제로 1971년 미국이 실질적으로 금본위제를 폐지했을 때, 달러가 금처럼 신용도가 높은 화폐가 아니라는 인식에 의해 달러화에 대한 신용도가 떨어져, 세계 경제가 불안정했다.

'보장'이라는 단어도 중요한데 돈의 가치가 절대적 성질을 지니고 있음을 알려 주기 때문이다. 뿐만 아니라, '자원'이라는 단어도 제대로 이해해야 한다. 아마 대부분은 자원의 정의를 이해하고 있을 것이다. '자원＝상품과 서비스'라고 말이다. 물론 이는 정답이다. 그러나 자원의 가치가 사람들의 심리성에 의해 변동해서 같은 상품이라도 가격이 다르게 매겨지는 등 '자원의 가치'를 정의하는 데에는 혼동의 여지가 있다.

이뿐만 아니라 돈은, 위의 정의에서는 설명되지 않은 성질을 내재하고 있다. 따라서 이후의 논의에서는 정의로부터 파생되는 돈의 사회성, 가치의 절대성, 심리성과 정의에서 설명되지 않은 성질을 설명함으로써 돈의 의미를 이해하고 돈의 가치에 대해 정확히 인식해 보고자 한다.

돈의 여러 성질들

돈의 사회성

앞에서 우리는 돈의 정의를 알아보았다. 그중 먼저 '사회적 약속'
이라는 단어에 내재되어 있는 돈의 사회성에 대해 설명하고자 한
다. 돈은, 사람들이 (암묵적으로) 종잇조각 혹은 쇳조각에 자원을
획득할 권리를 부여하도록 약속한 것이다. 즉, 돈도 일종의 보증서
라고 할 수 있다. 이러한 사회성은 매우 단단한 신뢰성을 가지고
있지만, 위조지폐가 확산되거나 정부의 정책 등으로 신뢰가 흔들릴
수 있다.

만약에 이러한 사회성이 무너진다면 어떻게 될까? 다른 건 몰라
도 시장 경제에 혼란이 온다는 것은 쉽게 예상할 수 있을 것이다.
실제로 1905년 시행된 화폐 정리 사업을 통해 정부가 의도적으로
돈이 가지고 있는 '사회적 약속'을 깨뜨렸다. 이로써 기존 화폐의
신뢰성이 무너지고, 새로운 화폐가 신뢰성을 얻고 안정성을 확보하
기 전까지 유동성 결핍과 시장 혼란 등으로 시장 경제에 큰 혼란
을 가져왔다.

이런 측면에서 볼 때 돈이 가치를 얻기 위해서 가장 중요한 것은
돈의 사회적 성질이라고 할 수 있다. 사회적 약속이 유지되고 이를
바탕으로 돈이 그 가치를 인정받은 후에야 비로소 그 돈의 가치를
논할 수 있기 때문이다.

가치의 절대성

돈이 사회성을 지니게 된다면, 우리는 아주 당연한 돈의 새로운 성질을 하나 가질 수 있게 된다. 그것은 바로 돈의 가치가 절대적 성질을 지녔다는 점이다. 말하자면, 1만 원짜리 지폐는 누구에게나 1만 원만큼의 가치를 가지고 있다는 점이다.

이 성질은 매우 당연한 논리이지만, 중요한 성질 하나를 가지고 있다. 그것은 이 성질이 신뢰의 전제가 되어 거래를 가능하도록 한다는 것이다. 예를 들어, 만약 화폐가 귤이라면 어떨까? 장소를 이동할 때마다 혹은 거래 대상마다 이 귤이라는 화폐는 가치를 다르게 책정할 것이다. 선호에 따라 누군가는 이 귤을 사과 5개와 바꿀 정도로 커다란 가치를 지녔다고 생각할 수도 있고, 다른 누군가는 그냥 주더라도 오히려 쓰레기라고 생각할 수도 있다. 그러나 화폐는 절대성을 띠기 때문에 화폐 자체의 가치를 의심받지 않는다. 모든 사람이 1만 원을 1만 원만큼의 가치를 지녔다고 인정한다.

가치의 상대성

그러나 이러한 가치의 절대성은 시간에 의해 그 가치를 의심받는다. 국제 시장에서 1달러당 1천 원 하던 환율이 5분 만에 1005원으로 올라가 버린다. 이는 돈이 가치의 상대성 또한 가지고 있다는 것을 의미한다.

(1) 한국의 쌀을 예로 한 가치의 상대성

한국에서 그 가치가 크게 변하지 않아, 가치의 기준이 될 만한 것은 바로 쌀이다. 그래서 한국은행 경제 통계 시스템 홈페이지를 통해 쌀의 가격을 알아보았다.

1911년에 한국에서 0.009639원이라는 돈은 쌀 한 가마니를 살 수 있는 돈이었다. 따라서 이 시대에는 10원만 가지고 있더라도 약 8천kg에 해당하는 쌀을 살 정도로 갑부가 될 수 있었다. 그러나 2011년 기준 쌀 한 가마니를 사기 위해서는 자그마치 13만 195원 이라는 돈이 필요하다. 이것은 10원은커녕 만 배인 10만 원을 들고 간다 하더라도 쌀을 한 가마니조차 사지 못함을 보여 준다. 쌀의 가치가 크게 달라지지 않는다고 할 때, 돈의 가치는 무려 약 1300 만 배만큼이나 하락했다고 말할 수 있다.

(2) 전후 독일의 우표 가격으로 알아보는 가치의 상대성

이번에는 우표를 통해 가치의 상대성을 살펴보자. 세계 대전 이 전 독일에서 우표 한 장 가격은 0.1마르크에 불과했다. 그러나 세계 대전 이후 독일에서 우표 1장을 사기 위해서는 무려 100억 마르크 가 필요했다. 이것은 전후 거의 모든 제품에 적용되었다. 즉, 물건의 문제가 아니라 돈의 문제였다는 것이다. 그 문제는 바로 돈의 가치 가 약 1천억 배가량 낮아져 버렸다는 사실이다.

표 1_ 쌀과 우표의 가격 변화

(1) 쌀 1가마니 가격	1911년 0.009639원	→ (약 1300만 배)	2012년 130,195원
(2) 우표 가격	세계대전 이전 0.1 마르크	→ (약 1000억 배)	세계 대전 이후 100억 마르크

(1)의 출처: 한국은행 경제통계시스템[1], (2)의 출처: 고등학교 사회 교과서[2]

(3) 가치의 상대성은 왜 발생하는가

돈의 가치는 살펴본 바와 같이 시간에 따라 상대적인 성질을 가지고 있다. 그렇다면 왜 시간이 지나면 돈의 가치가 변화할까. 변화 요인은 여러 가지가 있겠지만, 결국 궁극적인 원인은 화폐의 양이 변화하기 때문이다. 화폐가 많아지면서 그 가치가 상대적으로 떨어지거나 혹은 그 반대 현상이 발생한다. 이를 더 자세하게 살펴보자면 크게 소득이나 정부 개입에 따른 표준 물가의 변화가 결국 통화량을 변화시켜 돈의 가치를 변화하게 만든다 할 수 있다.

자세히 말하자면, 첫째로 소득 수준이 증가하면 그에 따라 수요가 증가한다. 이러한 현상은 결국 표준 물가를 올린다. 그리고 더 많은 돈의 유통을 필요로 하여 결국에는 돈의 가치를 떨어뜨린다. 둘째로 정부가 개입하는 경우가 있다. 독일의 경우와 같이 돈을 많이 찍어 낼 경우에 표준 물가를 올려 결국 돈의 가치를 떨어뜨린다. 그와 반대로 정부에서 세율을 높이는 것과 같은 방식으로 돈이 유통되는 정도를 줄일 경우 결국 돈의 가치를 올리게 된다.

---

1. 한국은행 경제통계시스템(http://ecos.bok.or.kr).
2. 오경섭 외, 《고등학교 사회 교과서(7차)》, 디딤돌, 2006.

(4) 돈이 절대적이면서 상대적이다?

일반적으로 절대성과 상대성은 서로 반대되는 성질이기 때문에 돈이 두 가지 성질을 모두 가지고 있다는 것은 모순이라고 생각할지도 모른다. 그러나 이것은 잘못된 생각이다. 돈은 절대성과 상대성을 모두 가지고 있지만, '동시에' 가지고 있는 것이 아니라 서로 다른 상황에서 이 두 가지 성질을 따로 가지고 있는 것이다. 위에서 보면 시간에 따라 돈의 가치가 변하는 '상대성'이 생기기는 하지만, 단면적으로 하나의 시점(예를 들면, 1911년)에서는 돈은 '절대성'만을 가지고 있다.

가치의 심리성

가치의 심리성은 '자원'의 가치를 서로 다르게 판단하여, 결국 돈의 가치를 서로 다르게 느끼는 사람들의 성향을 나타낸다. 그래서 이 성향은 돈의 가치가 변화한다기보다는 자원의 가치를 심리적 성향에 따라 서로 다르게 매겨 돈의 가치가 변화하는 것처럼 느끼는 경우들을 서술한 것이다.

과시 성향 혹은 가치가 없는 물품에 의미를 부여하는 행동으로 (물건의 가치를 크게 부풀려) 돈의 가치를 낮게 책정하는 성향 등이 이에 속한다. 그러나 가치의 심리성은 사람마다 성향이 모두 다르기 때문에 구체적으로 어떠한 수치를 보이면서 객관적으로 이러하다고 말하기는 굉장히 힘들다. 그래서 그나마 많이 나타나는 몇 가지 경우에 한해서만 서술하였다.

일반적으로 불우한 아이에 대해 기부금을 요청하기 위해서 텔레비전 광고는 굶주려서 피폐해진 아프리카 아이들을 소개한다. 따라서 기부금을 요청하기 위한 텔레비전 광고의 주인공은 대부분 쓰레기통을 뒤져 새활용품과 5센트짜리 동전을 교환하는 아프리카 아이들이다. 그러나 같은 내용으로 미국 아이들이 나오는 광고는 거의 없다. 왜 그럴까? 이유는 간단하다. 미국 아이들은 노동을 할 수도 없지만, 5센트를 받으려고 쓰레기를 뒤지려 하지도 않을 것이기 때문이다.

그렇다면 왜 한쪽은 쓰레기통을 뒤져서라도 5센트를 벌려고 하고, 다른 한쪽은 그러지 않으려 하는 것일까? 분명 양쪽 모두에게 돈은 소중할 것이다. 하지만, 쓰레기 처리의 대가로서 나오는 5센트라는 돈은 누군가에겐 큰 가치이고 다른 누군가에겐 보잘것없을 수 있다. 여기에 가치에 대한 심리적 요인이 들어 있다. 쓰레기통을 뒤져 돈을 번다는 행위 자체는 같지만, 심리적으로 그것에 부여하는 돈의 크기는 다른 것이다.

(1) 독일의 쓰레기 처리 사례로 본 가치의 심리성

물론 위의 경우에는 차이를 확연하게 드러내기 위한 예로서, 빈곤과 같은 상황의 문제도 들어 있고 나라간 생산 능력의 차이에서 오는 문제도 들어 있다. 그래서 사례를 일반적인 상황에서 끌어올 필요가 있다.

독일의 쓰레기 처리업자의 직업을 한번 생각해 보자. 그들은 기계를 활용하여 쓰레기를 처리하고, 시간당 약 8유로(약 12,000원)를 받는다. 그렇다면 사람들에게 시간당 12,000원을 주고 쓰레기 처리 업무를 하라고 요구한다면, 사람들의 반응은 어떨까?

먼저 그들은 자기의 일이 어느 정도 급여를 받아야 하는지 그 최소치를 생각해 볼 것이다. 여기서 그 최소치에는 노동에 대한 대가뿐 아니라 이 일이 자신을 명예롭게 하는지, 혹은 이 일이 자신의 존엄성을 향상시킬 수 있는 일인지 등 심리적 요건들이 포함되어 있다. 그래서 그들이 생각하는 최소치보다 시급 12,000원이 더 크다고 생각해야만 그 일을 하게 될 것이다.

만약에 급여가 시급 11,000원으로 떨어져서 그들이 고려하는 최소한의 급여보다 실제 급여가 적어졌다면, 그들은 이제 그 일에 이점을 느끼지 못할 것이다. 여기에서 가치의 심리성이 드러난다. 사람들은 명예 등의 심리적 성향을 감안하여 급여를 고려하고, 그래서 개인마다 최소한의 급여(돈의 가치)도 서로 다르다.

(2) 차량 번호판을 예로 한 가치의 심리성

이번에는 과시 성향에 대해 생각해 보자. 예를 들어 차량 번호판 1번의 낙찰가는 1400만 달러였다. 100달러도 비싸게 지불했다고 볼 수 있는 번호판을 1400만 달러나 주고 샀다는 사실은 일반적인 상식으로는 이해하기 힘들 것이다. 또한 번호판 1번의 주인인 사이드 쿠리 역시 이것이 1400만 달러의 가치가 있다고는 생각하지 않았을지도 모른다. 하지만 그는 이것을 구매했다. 여기에는 자기가 부자라는 것을 내보이려는 심리적 요인이 들어 있다. 이 번호판을 사기 전에는 그가 부자라는 사실을 몰랐거나 알았어도 굳이 그가 부자라는 것을 깊게 생각하지 않았을지도 모른다. 그러나 이러한 비상식적으로 보이는 구매 행위를 함으로써 부자라는 깃을 드러냈고 그에 대한 만족감은 그에게 1400만 달러보다 컸던 것이다.[3]

(3) '어플'을 통한 가치의 심리성

이러한 심리적 요인을 노골적으로 보여 주는 명백한 예가 또 있다. 2008년 애플사가 만든 어플리케이션(어플) 중에 '나는 부자다'라는 어플이 있었다. 이것은 단지 화면에 붉은 보석을 띄워 주는 효과밖에 없었다. 그러나 가격은 999달러로 단순한 효과에 비해 매우 비싼 가격이었다. 애플사도 이러한 점을 인지했는지 진부하다는 이유로 서비스를 하루 만에 종료시켰다. 그러나 서비스가 종료되기 전에 구매 예약자가 9명이나 존재했다는 것이 과시 소비적인 심리적 요건을 알 수 있게 해 주는 단적인 증거이다.[4]

(4) 기념주화를 통한 가치의 심리성

우리 주변에도 돈의 가치에 따른 심리적 요인을 보여 주는 사례가 많다. 그중 하나가 '기념주화'이다. 예를 들어 2015년 현재 한국에서 1원짜리 동전 또는 5원짜리 동전의 화폐 가치는 없다. 왜냐

---

3. 에두아르도 포터, 《모든 것의 가격》, 김영사, 2011.
4. 에두아르도 포터, 《모든 것의 가격》, 김영사, 2011.

하면 1원과 5원에 대한 돈의 사회성이 그 신뢰를 잃었기 때문이다. 그러나 사람들은 오히려 가치도 없는 이러한 동전들을 단지 기념이라는 이유만으로 3~4만 원에 구입한다.

왜 그럴까? 굳이 이유를 따지자면, 그 기념주화는 아무나 가지지 못하기 때문이다. 이미 많은 동전들이 은행에 의해 회수되었고, 더 이상 은행에서 찍어 대지도 않는다. 따라서 그 기념주화는 '희귀성'을 갖게 되었고, 희귀한 것을 차지하려는 심리적 요건이 기념주화의 판매를 가능하게 만들었다고 할 수 있다.

맺음말

정리하자면, 먼저 돈은 '사회적 약속'이라는 것을 항상 인지해야 한다. 이 약속은 매우 단단한 신뢰로 묶여 있지만, 이 약속의 신뢰성이 흔들린다면 화폐는 그 가치를 잃을 수 있다.

다음으로 가치의 측면에서, 돈의 절대성이라는 요소는 돈의 가치를 '보장'해 줌으로써 돈에 대한 신뢰를 키워 준다. 돈은 가치가 변화하지 않기 때문에 우리는 그 돈의 가치를 믿을 수 있다. 그러나 항상 돈의 가치가 고정되는 것은 아니다.

돈의 상대성이라는 요소는 시간에 따라 돈의 가치를 변화시킨다는 점을 쌀, 우표 등을 통해 살펴보았다. 특히 전쟁이나 화폐 개혁과 같은 사건 전후로는 돈의 가치가 크게 변화할 수 있음을 알 수 있었다.

그리고 심리성이라는 요소 또한 돈의 가치를 변화하게 만들어 큰 가치가 없어 보이는 번호판을 1400만 달러에 사게 만든다. 이 심리성이라는 요소는 물건에 대한 개인의 심리적 성향이라는 점에서 예측이 어렵고 따라서 변수가 될 수 있다.

▶참고 문헌
• 오경섭 외, 《고등학교 사회 교과서(7차)》, 디딤돌, 2006.
• 데이비드 크루거, 존 데이비드 만, 《돈이란 무엇인가》, 시아, 2011.
• 에두아르도 포터, 《모든 것의 가격》, 김영사, 2011.

제주 해군 기지를 둘러싼 '갈등', 그 서로 다른 이야기들

제주 제주여자고등학교 3학년 이나경

'번뜩이는 것'을 끄집어내기

최근 몇 년간 제주 지역의 가장 중요한 이슈 중 하나는 '제주 해군 기지 건설'이다. 해군 기지 건설과 관련해 전국에서 최초로 도지사 주민 소환 투표가 실시되었던 2009년 즈음에는 이 문제가 거의 모든 대화의 중심이기도 했다. 그러나 근래에는 제주도민들이 '제주 해군 기지 건설'을 중요한 문제라고 생각은 하지만 정작 많은 사람들의 일상생활과는 동떨어진 느낌이랄까.

그런데 지난 2012년 4월 학교 토론 동아리(R&Leaders)에서 제주 해군 기지 건설과 관련한 찬반 논쟁을 위해 제주 해군 기지 건설에 대한 찬성과 반대 측의 의견들을 조사하는 기회가 있었다. 관련된 자료들을 조사하면서 '이렇게 오랜 시간이 지나는 동안 왜 갈등은 해결되지 않았을까?' 하는 의문이 생겼다. 이 질문에 답을 찾기 위해 공공 갈등[1]의 개념과 공공 갈등이 전개되는 단계별 특징에 대해 조사했다.

토론 준비를 위해 자료를 조사하면서 찬성 측과 반대 측의 문제점은 '서로 다른 곳을 바라보고 다른 이야기를 하는 것'이라는 생각이 들었다. 이 과정에서 공공 갈등과 관련한 가설을 설정하게 되

---

1. '공공 갈등'의 개념은 학자에 따라 다르게 정의하고 있음을 알게 되었다. 개인 또는 집단과 그들 상호간의 대립적 작용이라는 관점(김영평, 2002)도 있고, 갈등이 가지는 상호 의존적 특성에 주목하는 의견(강인호와 안병철, 2004)도 있었다. 이 글에서는 공공 갈등을 '자원과 권력을 획득하는 과정에서 생기는 집단간 경쟁과 부딪힘(이영동과 강정운, 2006)'이라는 의미로 사용했다.

었다. 첫째는 찬성과 반대 입장인 갈등의 주체들이 주장하는 갈등의 내용이 일치하지 않기 때문에 갈등의 본질은 자꾸 변화한다는 것이다. 둘째는 같은 입장을 가지고 있는 집단 사이에서도 관점이 정확히 일치하지 않아서 새로운 갈등이 자꾸 생겨난다는 것이다.

그러므로 이 글에서는 제주 해군 기지 건설과 관련한 갈등의 내용을 분석해 보고자 한다. 이 글에서 이루어진 분석은 제주 해군 기지 건설과 관련한 제주도 일간지 3개사의 기사를 중심으로 이루어졌다.

문제에 접근하는 방법 찾기

1. 선행 연구 조사

우선 국회도서관, 한국학술정보 등의 사이트에서 제주 해군 기지 건설과 관련한 논문들을 조사했다. 제주 해군 기지 건설에 따른 갈등을 연구한 논문은 10여 편인 것으로 나타났다. 이 논문들을 대상으로 선행 연구를 조사하면서 제주 해군 기지 건설 사업의 진행 과정과 그에 따른 갈등의 단계별 특징들을 분석했다.

2. 일간지 기사 분석

제주 해군 기지 건설 문제가 본격 나타나기 시작한 2003년부터 2013년 3월 현재까지 제주도 일간지에 나타난 관련 기사를 검색했다. 대상 신문은 제민일보, 제주일보, 한라일보로 선정했다. 해당 기간에 게재된 해군 기지 관련 전체 기사를 검색했고, 갈등 전개의 대표적인 시기에 나타난 기사의 내용을 분석했다.

3. 현장 조사

제주도 서귀포시 강정동에 있는 제주 해군 기지 건설 현장 조사를 2012년 12월 23일과 2013년 5월 5일 두 차례 하였다. 공사 현장 출입은 제한된 상태였기 때문에 직접 건설 현장을 볼 수는 없었다. 따라서 현장 조사는 해군 기지 찬성과 반대 측이 걸어 놓은 현수막 문구 조사, 경찰의 배치 상황과 강정마을의 전체적인 분위기 등을 중심으로 이루어졌다.

갈등의 전개 과정 다시 보기

공공 갈등의 전개 과정에 대해 박홍엽 등(2006)은 발생, 증폭, 완화, 지속, 해결이라는 5단계로 설명하고 있다. 이에 비해 은재호(2010)는 제주 해군 기지 관련 갈등을 생성, 표면화, 확산, 완화, 재확산 단계로 나누어 제시했다. 이 글에서는 은재호(2010)의 구분을 토대로 해군 기지 건설과 관련한 갈등의 전개 과정을 정리했다.

1. 갈등 생성 단계

해군 기지 관련 갈등 생성기는 1993년부터 2002년까지로 보는 견해가 있다(은재호, 2010). 1994년 해양수산부는 '화순항 장기개발 계획'을 발표히였다. 그러나 해군은 제주 해군 기지 건설이 필요함을 역설하면서 '1997-2001 국방중기계획'에 해군 기지 건설을 제시했다. 당시 후보지로는 화순항 및 모슬포 등이 거론되었고, 해군에서는 화순항을 최적지로 판단하고 해양수산부에 화순항 내 해군 전용 부두 확보를 요청했다(김계춘, 2012).

그러던 중 2002년 5월 '제주국제자유도시 개발과 해양 안보'라는 주제의 함상 토론회에서 제주 지역에 전략 기동 함대 기지 건설의 필요성이 제기되면서, 해군이 제주도 해군 부두 건설 계획을 제주도에 제출하기에 이르렀다. 이 계획이 공개되면서 화순항 일대의 주민들이 집단행동에 나서면서 해군 기지 건설 관련 갈등이 생성되었다.

제주 해군 기지 건설에 대한 반대 여론이 강해지자 제주도는 2002년 10월 도민 설문 조사를 했다. 조사 결과 반대 의견이 우세한 것으로 나타났다. 이 결과를 토대로 해양수산부 중앙항만정책심의회가 이를 수용해 유보 결정을 내렸다(은재호, 2010).

2. 갈등 표면화기

잠정 유보되었던 해군 기지 문제는 2005년 4월 해군이 제주해군기지추진단을 발족시키면서 재점화되었다. 당시 해군본부가 제시한 화순항 해군 기지 추진 계획의 내용은 공모를 통해 유치 희망 지역을 정하고 그 지역에 인센티브를 제공하는 등 이전과는 달라진 점이 있었다. 이러한 시도에도 제주 도민들은 반대 시위를 펼쳐 나가면서 갈등이 본격화되었다.

3. 갈등 확산기

제주 해군 기지 건설과 관련한 갈등이 확산된 시기는 2006년 제주도와 해군 간 제주해군기지영향조사연구팀이 구성되면서부터이다. 2007년 4월 3개의 후보지인 화순, 위미, 강정 지역 주민을 대상으로 여론 조사를 했는데 이 조사에서는 강정 마을이 상대적으로 찬성이 높게 나왔다. 이 결과를 토대로 국방부는 2007년 6월 8일 강정 마을을 해군 기지 건설 지역으로 결정했다.

국방부의 결정 통보 후 강정 마을에서 반대 의견을 가진 주민들은 유치 선정 과정에 문제가 있음을 지적하며 유치 반대를 천명했다. 또한 2007년 8월 17일에는 제주해군기지협의회가 개최되었으나 반대 측의 참가 거부로 반쪽짜리 협의회에 머무르는 등 양측이 격렬하게 부딪쳤다.

범도민대책위원회는 해군 기지 건설 사업 추진과 관련해 민주적 절차를 무시했다는 이유로 당시 김태환 제주도지사 주민소환운동 본부를 결성했다. 그러나 2009년 8월 26일 실시된 주민 소환 투표는 투표율이 11%에 불과해 결국 부결되었다.

4. 갈등 완화기

제주도지사 주민 소환이 무산된 이후에도 반대 단체들의 활동은 계속되었다. 그러나 제주도시사는 2009년 11월 강정 마을 해군 기지 건설 수용 입장을 발표했다. 이에 앞서 강정마을대책위원회가 국방부를 상대로 제기한 '제주해군기지 설립계획 취소소송'에 대해 서울행정법원은 '최초 사업 계획은 무효이나 2010년 3월 변경 승인 계획은 적법하므로 사업을 진행할 수 있다'는 판결을 내리면서 제주 해군 기지 건설 사업 진행이 정당성을 확보하여 갈등 상황이 진정되는 양상을 보였다.

5. 갈등 재확산기

2010년 6월 지방 선거를 통해 당선된 우근민 제주도지사와 도의회는 공동으로 제주도의회 내에 '해군기지갈등해소 특별위원회'를 구성키로 했다. 이러한 움직임은 다소 완화되는 듯했던 갈등을 다시 표면화하는 계기가 되었다.

강정의 푸른 바다 바라보기

해군 기지 건설 현장인 강정 마을을 두 차례 찾아가 보았다. 큰 길에서는 이 마을에서 벌어지고 있는 일들이 떠오르지 않을 만큼 평온한 모습이었다. 많은 집들의 대문이나 지붕에 걸린 '해군 기지

비닐하우스와 맞닿은 건설 현장

철조망 사이로 보이는 건설 현장　　　진척된 철골 구조물

건설 반대' 깃발이 지속되어 온 갈등의 단면을 보여 주고 있었다.

　해군 기지 건설 현장은 높은 철제 담장이 둘러져 있어서 내부를 정확히 볼 수는 없었다. 다만 담장 곳곳에 뚫려 있는 부분을 통해 건설 현장을 살펴볼 수 있었는데, 높은 철제 골격과 건물 형태가 보여 공사가 어느 정도 진척되었음을 알 수 있었다.

　특히 담장 하나를 사이에 두고 비닐하우스와 밭들이 있어서 마치 갈등의 현장을 그대로 보여 주는 듯했다. 공사 현장 입구와 가까운 삼거리 부근에는 반대 측에서 설치한 천막과 현수막들이 첨예한 갈등을 온몸으로 드러내고 있었다.

　마을을 한 바퀴 둘러보고 나오는 동안 간간이 폭약 발파 소리가 들렸다. 그 소리들이 이 마을 주민들에게는 어떻게 느껴질까 생각하니 마음이 무거웠다.

모습을 바꾸는 '갈등' 들여다보기

[그림 1]에 나타난 바와 같이 제주 해군 기지 관련 기사 수는 3개 일간지에서 비슷한 경향을 나타냈다. 특히 각 일간지의 기사를 분야별로 분석한 결과 정치 분야 기사로 다룬 경우가 가장 많았다([그림 2, 3, 4] 참조). 이는 제주 해군 기지 건설과 관련한 문제를 정치적인 관점에서 해결하려고 했음을 나타내 주는 것이다. 그러나 특이할 만한 것은 정치 분야 기사가 2007년 이후로 점차 줄어든 반면에 사회 분야 기사가 점차 증가했다는 점이다. 이것은 제주 해군 기지 문제가 갈등 상황이 오랜 기간 지속되면서 종교계, 시민운동 단체, 일반인 등 사회의 다양한 분야 사람들이 결부되는 복합적인 갈등으로 확대된 것이라고 생각된다.

서귀포경찰서는 8일 해군제주기지사업단 앞에서 경찰의 버스 탑승을 방해하고 호송 차량 위에 올라간 활동가 김 모(29·여) 씨와 정 모(18) 군을 공무 집행 방해 혐의로 붙잡아 조사 중이다.

이들은 이날 오전 11시쯤 종교인 등 반대 단체 시위자 30여 명과 함께 시위를 진행하다 공사 차량 진출입을 방해한 혐의를 받고 있다.   한라일보 2012년 8월 8일자 기사 일부

'해군 기지 건설은 제주 국제자유도시의 원활한 추진과 제주 지역 경제 발전에 도움을 위해 화순항 전략 기지가 필요하다'는 해군

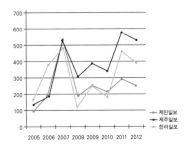

[그림 1] 일간지별 해군 기지 관련 기사 수

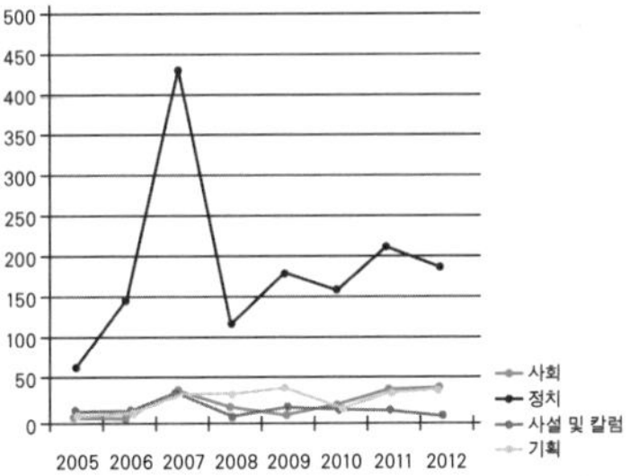

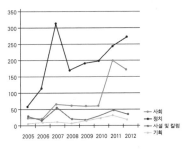

[그림 2] 분야별 제민일보 기사 수

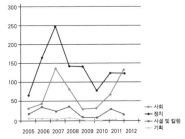

[그림 3] 분야별 제주일보 기사 수

[그림 4] 분야별 한라일보 기사 수

의 주장은 도민들의 반대 여론을 희석시키기 위한 임시방편책이라는 주장이 설득력 있게 제기되고 있다. 녹색연합도 24일 보도 자료를 통해 "화순항 해군 기지는 중국과의 긴장을 격화시킬 수 있고 동북아의 군비 경쟁을 촉발시켜 새로운 냉전 시대로 돌입케 하는 심각하고 중대한 결과를 낳게 된다."며 "제주도민들이 원하는 평화의 섬 계획과 정면 배치되는 해군 기지 건설 계획은 철회돼야 한다."고 밝혔다. 제민일보 2002년 7월 24일 기사 일부

위 기사에 나타난 것과 같이 해군 기지 건설을 추진하는 쪽에서는 기지 건설이 가져올 이점을 강조하고 있는 데 비해 반대 측에서는 기지 건설 자체가 평화와 병존할 수 없다는 입장을 보이고 있다. 따라서 갈등이 생성된 초반부터 양측은 서로 다른 지점을 기준으로 삼고 자신들의 이야기를 했다고 볼 수 있다.

갈등이 해결될 기미를 보이지 않고 확산되어 가고 있을 당시 정부에서는 '제주 해군 기지'라는 용어 대신 '민군 복합형 관광 미항'이라는 형태를 제시했고 국회에서 예산을 처리했다(제주일보 2008년 2월 20일자 기사 참조). '민군 복합형'이라는 새로운 형태를 제시함으로써 반대 측의 입장을 부분적으로 수용한 것으로 보이지만 일방적인 추진은 오히려 갈등을 심화시킨 측면이 있다. 오히려 이 시기에 반대 측에서는 해군 기지 건설 예정지에 멸종 위기 종이 서식한다는 점을 들어 건설 백지화를 주장했다. 즉 이전까지 형성되었던 '평화의 섬'이라는 쟁점 외에 생태계 파괴라는 새로운 갈등 요소가 제기된 것이다. 이 사례에서도 찬성과 반대 양측이 갈등을 해소하려는 접근은 서로 다르다는 것을 알 수 있다.

국회가 올해 정부 예산을 지난해 말 의결하면서 단 부대조건은 '방위사업청이 추진 중인 제주 해군 기지 사업 예산은 민·군 복합형 기항지로 활용하기 위한 크루즈 선박 공동 활용 예비 타당성 조사 및 연구 용역을 완료하고 그 결과를 토대로 제주도와 협의를 거쳐 집행한다.'고 명시됐다. 제주일보 2008년 2월 20일자 기사 일부 제주 해군 기지 사업 예정지인 강정 마을 일대에서 또 다시 환경부 지정 멸종 위기 야생 동식물과 희귀 식물이 발견되었다. 그동안 강정 마을 연안에서는 산호충류 중에 천연기념물로 지정된 해송, 긴가지해송, 멸종 위기 종인 밤수지맨드라미, 검붉은수지맨드라미, 연수지맨드라미, 둔한진총산호와 기수갈고둥 등의 서식이 확인되었다.

제주환경운동연합 성명서 일부

이처럼 갈등은 해결되지 않고 더욱 쟁점이 확대되는 경향을 보였다. 이 같은 갈등 구조가 계속 진행되던 중 2012년 3월 강정 마을의 구럼비 해안에서 발파 작업이 진행되었다. 이를 반대 측에서는 '대국민 테러 행위'로 규정하며 갈등이 다시 확산되었다.

강정마을회와 제주해군기지 저지와 평화의섬 실현을 위한 범도민 대책위원회, 제주평화의섬 실현을 위한 천주교연대, 구럼비살리기 전국시민행동 등은 5일 서귀포경찰서 앞에서 기자 회견을 열고 "구럼비 바위에 대한 폭파 행위는 대국민 테러 행위"라고 규정했다.

제민일보 2012년 3월 5일자 기사 일부

구럼비 바위에 대한 폭파를 계기로 반대 측의 활동은 더욱 강화되었고, 전국적인 관심도 높아진 것으로 분석된다. 그런데 구럼비 해안 폭파에 대한 항의가 확대되는 가운데 해군 기지 갈등의 핵심은 다시 바뀌게 된다. 2012년 3월 말부터 해군 기지 문제는 15만t

급 크루즈 선박이 민·군 복합항에 입출항할 수 있는지 시뮬레이션 검증을 어떻게 할 것인가라는 문제로 탈바꿈했다. 시뮬레이션 검증이라는 것은 민·군 복합항 건설을 이미 전제한 후의 상황을 가상으로 그려 봄을 의미한다. 이것은 이미 기지 건설을 기정사실화했다는 것으로 생각된다. 반대 측에서는 여전히 해군 기지 백지화를 요구하고 있는 상황에서 시뮬레이션 검증이 문제의 해결책인 것으로 제시되는 것은 갈등의 핵심에 대한 기본적인 공감대가 형성되지 않았음을 보여 주는 것이라고 본다.

함께할 이야기들

제주 해군 기지 건설은 10여 년 동안 제주 사회에 갈등을 야기한 문제이다. 아직도 그 갈등은 진행 중이다. 이 글에서는 제주 해군 기지 건설과 관련해 제주도 일간지에서 다룬 기사들을 중심으로 갈등을 분석해 보았다.

그 결과 갈등 상황이 지속되면서 갈등 주체가 다원화되었음을 알 수 있다. 이는 갈등의 원인이 더 복합적으로 변질되는 데 영향을 주었다고 생각한다. 나타난 문제들의 해결책을 공동으로 모색하지 않고, 자꾸 새로운 문제를 제기하거나 기존 입장만을 되풀이하는 방식으로는 갈등 해결은 불가능할 것으로 보인다.

이제 제주 해군 기지 건설 문제는 사람들의 관심에서 서서히 멀어지고 있는 듯하다. 갈등이 해결되었기 때문이 아니라 오랜 기간 지속된 갈등으로 피로감이 사람들의 생각을 무뎌지게 한 것은 아닐까 싶다. 지금 상태에서 공사가 계속 진행된다면 물리적으로 그럴듯한 해군 기지를 건설할 수는 있을 것이다. 그러나 그 안에 이제까지의 갈등도 고스란히 남아 있다면 그것은 언제 다시 분출할지 모르는 활화산이 될지도 모른다.

이전까지 열렸던 설명회나 공청회 등은 일방향의 홍보 위주라는 인식이 강해서 제대로 찬성과 반대 측의 의견을 나누기에는 부족했다고 생각한다. 또한 양측 모두 갈등과 관련해 자신들의 입장만을 일방적으로 알리는 것은 갈등의 핵심을 흐리게 할 뿐만 아니라 감정적 대립으로까지 확대되는 측면이 있다. 따라서 이제까지 제기된 모든 문제들을 나열하고 각각에 대한 설명과 논의를 해 나가는 것이 갈등을 해결하는 방안이 될 것이다.

▶ 참고 문헌

• 강인호, 안병철(2004). 〈지방 정부 간 갈등 및 협력 요인 연구: 측정 지표 개발 및 평가〉한국 거버넌스학회 학술대회 자료집.
• 구럼비살리기전국시민행동(2011). 《울지 마 구럼비 힘내요 강정》서울: 나름북스.
• 김계춘(2012). 제주 해군 기지(민·군 복합형 관광 미항) 추진 개요. 본질과 현상, 28, 82-107.
• 김영평(2002). 〈정책 갈등의 양상과 갈등 관련자의 윤리적 대응〉정부학연구, 8(2), 113~144.
• 박흥엽, 홍성만, 강상규, 권영인, 김유환, 박진, 엄두용(2006). 〈공공 갈등 사례 분석을 통한 표준 갈등 사례 분석 모델 개발 연구〉지속가능발전위원회 용역 보고서.
• 은재호(2010). 〈효과적인 갈등 해결을 위한 소통 방안 연구: 제주 해군 기지 사례의 교훈〉 KIPA 연구 보고서 2010-18. 한국행정연구원.
• 이영동, 강정운(2007). 〈지방 정부 간 갈등에 대한 지역 언론의 보도 행태 연구: 신항과 평택·당진항 사례〉한국지방정부학회 학술대회 논문집.
• 제민일보 www.jemin.com 검색일 2013년 1월, 2월.
• 제주일보 www.jejunews.com 검색일 2013년 1월, 2월.
• 한라일보 www.ihalla.com 검색일 2013년 1월, 2월.

2회 대회 동상

왜
'○○남'보다
'○○녀'가
더 많을까

대구 동부고등학교 3학년 조민식

사례

요즘 애들 왜 이러나?··· '경희대 패륜녀' 논란

한 여대생이 어머니뻘 되는 환경미화원에게 욕설을 퍼부었다는 이른바 '경희대 패륜녀'가 논란이 되고 있다.

지난(2015년 5월) 15일 경희대 한 인터넷 커뮤니티에는 '경희대 학생에게 어머니가 봉변을 당했습니다.'라는 글이 올라오면서 파문을 예고했다.

환경미화원의 자녀로 추정되는 이 여학생은 글을 통해 "이 글을 쓰는 지금도 손이 부들부들 떨린다."며, "어머니께서 정확하게 기억은 못 하시지만"이라고 말했지만 당시 상황을 간략하게 설명했다.

이 학생의 글에 따르면, 경희대 청운관의 여자 화장실에서 자신의 어머니가 한 여학생이 먹다 남긴 우유를 뺀 다른 쓰레기만 치우자 문제의 '경희대 패륜녀'는 "왜 안 치우느냐.", "재수없다."고 말을 내뱉은 것.

이어 "우유가 많이 남은 것 같아서 치우지 않았다."고 항변한 A씨가 여학생 휴게실로 가는 이 여학생을 뒤따라가 사과할 것을 요구했지만 "미친 것 아니냐. 맞고 싶냐. 꺼져라." 등의 막말을 욕설과 함께 하였다고 주장했다.

이 같은 글은 삽시간에 인터넷으로 퍼져 나갔고, 이에 경희대학교는 해당 환경미화원을 불러 조사한 결과 인터넷에 떠도는 내용은 사실로 확인됐다며, 불미스러운 사건이 일어난 데 대해 사과한다는 성명을 발표했다.

이어 학교 측은 "욕설 사건이 일어난 여학생 휴게실 주변의 CCTV를 분석하는 등 문제의 학생을 찾고 있다."고 덧붙였다.

→ 어머니뻘 환경미화원에게 욕설을 한 경희대 패륜녀를 보면, '여성'의 비상식적인 행동이 인터넷을 통해 '비정상'적으로 빠르고 광범위하게 유포되고 있다는 것을 알 수 있다.

강남 한복판 속도 경쟁 30대 벤츠男… 정면충돌로 2명 숨지게 해

서울 강남경찰서는 과속 운전을 하다 무리한 차선 변경으로 옆 차선 차량이 마주 오던 차량과 정면으로 충돌하게 해 운전자 2명을 숨지게 한 혐의(업무상 과실 치사 등)로 박 모 씨(31)를 구속했다고 2일 밝혔다.

박 씨는 지난(2013년) 4월 20일 밤 11시 55분께 벤츠 승용차를 운전해 강남구 압구정동 동호대교 남단 고가 2차로에서 과속으로 주행하다가 급히 차선을 변경하면서 1차로로 달리던 A(32)씨의 K5 승용차와 충돌해 A씨 차량이 중앙선을 넘게 만들었고 맞은편에서 오던 B(32)씨의 카니발 차량과 정면으로 충돌하게 한 혐의를 받고 있다.

경찰 조사 결과 박 씨는 압구정 고가에 들어서면서부터 A씨와 속도 경쟁을 벌인 것으로 드러났다. 1차로를 달리던 A씨 차량을 2차로에서 뒤따르던 박 씨는 오른쪽으로 굽은 길을 돌면서 A씨 차량을 추월하려 했고 미처 속도를 줄이지 못한 A씨 차량은 박 씨 차량과 부딪혀 중앙선을 침범, 마주 오던 B씨 차량과 정면충돌했다.

이 사고로 A씨는 현장에서 숨졌고 B씨는 병원으로 옮겨졌으나 사망했다.

당시 박 씨와 A씨 차량의 속도는 시속 120~130km로 규정 속도 (60km)의 2배에 달한 것으로 나타났다. 음주 측정 결과 두 사람 모두 술을 마시지는 않은 것으로 나타났다.

박 씨는 경찰 조사에서 K5가 먼저 차선을 넘어와 부딪쳤기 때문에 자신이 피해자라고 주장했다. 사고 차량들에는 블랙박스가 없거나 영상이 녹화되지 않아 사고 책임이 하마터면 숨진 A씨에게 돌아갈 뻔했다.

박 씨 진술을 수상히 여긴 경찰은 한 달 넘게 수사를 벌인 끝에 사고 차량을 뒤따르던 차량의 블랙박스와 CCTV, 차량 충돌 부분 분석, 거짓말 탐지기 조사까지 병행하며 자백을 받아 냈다.

경찰 관계자는 "두 차량은 고가에 들어서기 전부터 서로 속도 경쟁을 벌인 것으로 나타났다."며 "과속도 모자라 경쟁까지 벌이다 이 같은 참극이 일어났다."고 말했다.

→ 자존심에 속도 경쟁을 했고, 그로 인해 상대방뿐만 아니라 마주 오던 무고한 사람까지도 사망에 이르게 한 남성의 이야기다. 어떻게 보면 '경희대 패륜녀'보다 더 어처구니 없고 황당한 사건이지만, 그 누구도 박 씨에게 '벤츠남', '과속남' 등의 이름을 붙이지는 않았다.

'경희대 패륜녀'와 '박 씨'. 두 사람 모두 명백한 잘못을 저질렀다. 하지만 '패륜녀'라는 명칭이 붙어 사회적으로 거센 비난을 받은 쪽은 여성이다. 왜 그럴까?

이 의문이 바로 이 논문의 주제이자 우리 자신을 되돌아보게 만드는 키워드이다. 지금부터 연구해 보자.

원인 분석

무리 짓는 본능

먼저, '인간은 동물과 마찬가지로 집단을 중요시한다. 그러므로 다수인 자신들과 다른 사람들을 골라 그들에게 ○○녀라는 명칭을 부여하고 차별하며 동시에 자신들의 결속력을 높이려는 것이다'라는 생각이 들었다. 인간은 사회적 동물이다. 즉, 무리 짓는 것을 아주 중요하게 생각한다. 물론, 무리 짓는 행동은 호랑이나 늑대 같은 야생 동물에 비해 턱없이 신체적 능력이 약한 인간이 살기 위해서 선택할 수밖에 없었던 길이기도 하다.

어찌 됐건, 인간이 사회적이기 때문에 마을이 생기고 사회가 생기고 나라가 생긴 것이다. 또한 사회 안에서도 '○○아파트 반상회', '○○초등학교 동창회', '자전거를 좋아하는 모임' 등의 소규모 무리가 자꾸 생기게 된 것이다.

이와 같이 생존에 필수적이었고 인간을 만물의 영장으로 만들어 준 '무리를 짓는 본능'이 지금의 '○○녀' 사태를 만들었다고 분석했다. 물론, 대다수의 '○○녀'들은 사회가 허용하는 행동 범위밖에 존재한다. 범법 행위를 저지르기도 하고, 우리가 생각하는 보편적인 모범 시민의 모습과는 절대 일치하지 않는다. 그렇기 때문에 '○○녀'들을 모두가 비난하는 것이다.

그런데, 왜 ○○남은 잘 없을까? 우리나라의 범죄율 통계를 보면, 여성(16.2%-2010년 법무부)에 견주어 남성(83.8%-2010년 법무부)이 훨씬 많은 범죄를 저지른다. 그렇지만, 인터넷상에 퍼지고 우리에게 비난을 받는 대부분의 사람들은 '○○남'이 아닌 '○○녀'다. 이상하다. 범법 행위의 빈도수로 따진다면 여성의 범죄율이 더 높게 나와야 하는 것 아닌가?

이것 또한 무리를 지으려는 인간의 본능으로 설명할 수 있다. 현재 우리나라 사회에서 남성들은 아직까지도 강자다. 135개국 중 성평등 순위가 108위(세계 포럼)인 것을 보면 알 수 있다. 그렇기 때문에 남성과 여성이 비슷한 수준의 일탈 행위를 저질러도, 강자인 '남성들의 무리'에서는 여성의 범죄를 더 부각시키는 것이다. 왜냐하면, 자신들의 무리에 속한 남성이 범죄를 저지른 사실을 드러내는 것은 강자인 '남성들의 무리'에 득 될 것이 전혀 없기 때문이다. 또한, 자신들의 무리에 속하지 않는 여성을 깎아내림으로서 자신들의 강자 위치를 더 확고히 지킬 수도 있는 일석이조의 효과를 낳기 때문이다.

다시 한 번 강조하지만, 나는 지금 '○○녀'들의 잘못된 행위를 감싸려는 것이 아니다. 남성과 여성이 비슷한 수준의 범죄를 저질렀을 때, 같은 수준의 비판과 처벌을 받는 것을 원하는 것이다. 같은 인간이 단지 성이 다르다는 이유로 더 차별을 받는 것은 옳지 못하다고 생각하기 때문에, 어떻게 보면 '○○녀'들을 감싸는 것처럼 보이는 관점에서 이런 주장을 펼치는 것이다.

우리 사회에 '○○남'은 없고 '○○녀'만 존재하는 이유로 '무리 짓고 싶어하는 인간의 본능'과 '상대적 강자인 남성이 같은 수준의 범죄를 저지른 남성과 여성 중, 여성에게만 '○○녀'라는 명칭을 부여함으로서 자신들이 차지한 강자의 위치를 고수하려는 것'을 든 것뿐이다.

여성이라는 이유

말 그대로, '여성이기 때문에 더 큰 주목을 받고 비슷한 일탈 행위를 저질렀을 때 더 큰 사회적 처벌을 받는다.'는 관점이다. 이것은 앞의 '무리 짓는 본능'과도 약간 연결되지만, 여기서는 좀 더 여성에 초점을 맞춰 보겠다.

우리 사회는 조선 시대를 거치면서 여성의 모든 행위를 억압하는 풍토가 자리 잡게 되었다. '여자는 집 안에서 남편에게 내조를 잘해야 한다.' '여자는 그저 조용히 집을 지켜야 한다.' 등의 생각(이라고 이름 붙이기도 부끄러운 성차별적인)을 할머니에게서, 어머니에게서 들어 왔다. 직장에서도 '여성이 임신을 하면 직장을 떠나는 것이 당연하다'는 분위기가 너무나도 만연하게 조성되어 있다.

이렇듯 우리 사회의 여성 인권은 제대로 보장받지 못하고 있다. 따라서 여성 인권이 취약한 현실과 끊임없이 무의식 속에 새겨진

'여성에 대한 편견'이 합쳐져서 지금의 '○○녀' 사태가 벌어졌다는 관점이 타당해질 수 있는 것이다. 강자는 약자에게 더 강한 법이니까.

이런 현실을 타파하기 위해서는 먼저 우리의 무의식 속에 새겨진 성차별적인 편견을 제거해야 한다. 남성과 여성은 다른 성이기 전에 같은 인간이다. 사냥과 채집에 의존해야 했던 고대 사회에서는 육체적 힘이 우세한 남성이 강자였던 것이 당연할 수도 있겠지만, 지금은 육체적 힘이 전부인 시대가 아니다. 여성도 남성과 같은 인간이며, 동등한 기회와 대우를 제공받을 수 있어야 한다. 우리는 '조용하고 집을 잘 지키는 여성'이 아닌 '자신의 의무를 다하고, 정의롭게 권리를 주장하는 여성'을 최고의 여성상이라고 지각해야 한다.

또한, 여성 인권을 신장시켜야 한다. 인간이라면 당연히 누릴 수 있는 인권을 여성이라는 이유로 제한한다면 그것은 결코 옳은 일이 될 수 없다. 물론, 그 여성 인권을 신장시키는 과정에서 역차별이 발생할 수도 있다. 그렇지만 두려워해서는 안 된다. '구더기 무서워 장 못 담글까'라는 선조들의 속담을 항상 기억하면서 더 큰 발전을 위해 우리는 남성, 여성 가릴 것 없이 여성의 인권 신장에 많은 노력을 쏟아부어야 한다.

인터넷 매체의 영향

현대 우리 사회는 인터넷 사회라고 불러도 이상하지 않을 만큼 인터넷이 모두의 삶에서 중요한 부분을 차지하고 있다. 따라서 이렇게 널리 퍼져 있는 쌍방향 의사소통 수단인 인터넷을 통해 '○○녀'가 사실과는 다른 방향으로 확대·재생산될 가능성이 높다는 관점이다. 삼인성호三人成虎[1]라는 고사성어가 있을 정도로, 말의 왜곡은 아주 쉬우며 위험하다. 일례로, 아버지뻘의 버스 기사에게 무릎을 꿇고 사과하라고 소리를 질렀던 '버스 무릎녀'를 들 수 있다. 사람들은 트위터로 퍼진 단 한 장의 사진만 보고 '버스 무릎녀'를 엄청나게 비난했다. 하지만 사실은 처음 사진을 올린 사람이 말한 것과는 달랐다.

버스 회사의 엄청난 잘못과 그 잘못에도 불구하고 '고소하려면 고소해 봐.'라는 소장의 뻔뻔함에 그 버스에 타고 있었던 승객들 모두가 엄청나게 화가 난 상황이었다. 그런데 갑자기 소장 옆에 계시던 기사님께서 대신 무릎을 꿇고 사과를 하신 것이었다. 기사님의 행동에 승객들은 모두 당황하여 그러지 마시라고 했다. '버스 무릎녀'는 단지 무릎을 꿇으신 기사님 앞에 있었을 뿐이었다. 하지만 최초 유포자는 그러한 사실은 올리지 않은 채 '젊은 여자가 아버지뻘 기사님에게 무릎을 꿇고 사과하라고 하네요.'라는 자극적인 내용만을 유포한 것이다.

이를 통해 우리는 '○○녀'가 실은 인터넷을 통해 확대·재생산된, 부풀려진 결과물일 수도 있다는 관점에 고개를 끄덕일 수 있다. 우

---

1. 세 사람만 우겨 대면 없는 호랑이도 만들어 낼 수 있다.

리 사회에서 '여성이, 규범에 맞지 않는 행위를, 그것도 공공장소에서 저지른다.'라는 사실은 충분히 많은 사람들의 먹잇감이 될 수 있는 것이다.

또한 우리는 이를 통해 단편적인 면만 보고 모든 것을 판단하게 되는 현대 사회의 '소통 부재'를 알 수 있다. 빠르게 변하는 사회 속에서 시간과 경쟁에 쫓기다 보니 어떤 사실에 대해 다른 사람과 소통하고, 다른 시각에서 다양하게 보려는 노력이 줄어드는 것이다. SNS에서 유포되는 단편적인 자료만 본 뒤, 다른 사람들이 모두 욕하므로 같이 욕해도 된다는 생각을 가지고 같이 욕을 하며 (옳지 못한) 소속감을 느끼면서 소통 부재의 외로움을 달래는 것이다.

이를 타파하기 위해서는 먼저 우리 모두가 생각하는 힘을 길러야 한다. 단편적인 사실 한 가지만 본 뒤, 무작정 비난하는 것은 절대 옳은 것이 아니다. 정확한 사실을 알아봐야 한다. 흥미를 위해 말을 꾸며 내는 것은 더더욱 안 된다. 우리의 흥미를 위해 덧붙인 말이 한 사람을 죽음으로까지 몰고 갈 수 있기 때문이다.

그 다음, 소통 부재를 해결해야 한다. 진짜 소통이 이루어지지 않으므로 사실을 알지 못하는 것이기 때문이다. 만약 위의 '버스 무릎녀'와 네티즌들 사이에 원활한 의사소통이 있었다면 문제가 이렇게까지 커졌겠는가? 소통할 수 있는 수단은 과거에 비해 훨씬 늘어났지만, 참된 의미의 소통은 줄어든 것이 바로 문제이다. 그러므로 우리는 항상 눈을 뜨고, 두 귀를 열어 많은 사람과 소통해야 한다.

시사점

사회적 체벌

'○○녀'를 처벌한 최초의 집단은 검찰도, 경찰도 아닌 바로 우리, 일반 대중이었다. 물론 합법적인 절차를 거친 처벌은 아니었으나, 이는 상당히 독특한 점이다. 인터넷의 발달을 통해 일반 대중이 힘을 모아 범법 행위를 저지른 '○○녀'를 처벌한 것은 난공불락의 '법조인 집단(=소수의 특권층)'에게 상당한 위협을 가한 것이라고 해석할 수 있다. 과거 인터넷이 발달하기 전, 우리 사회의 보편적인 구성원들은 그저 매스 미디어에서 흘러나오는 일이 모두 진실이라고 믿었다. 그렇지만, '○○녀' 사태를 통해 '아, 우리가 힘을 모아서 직접 범법자에게 사회적 죗값을 치르게 할 수 있구나!'라는 사실을 깨달은 것이다.

물론, 마을 단위의 사회적 처벌은 예전부터 존재했다. 하지만 인터넷을 통해 연결된 '전국적'인 사회적 처벌은 광범위하게 영향을 끼치기 때문에 '법조인 집단(=소수의 특권층)'에게 충분히 위험이 될 수 있다. 먼 미래에 탄생할 수 있는 '전 국민 재판'(민주주의가 탄생한 것처럼, 전 국민 재판도 충분히 가능성이 있다)의 시초가 될지도 모르는 것이 바로 네티즌들의 사회적 체벌인 것이다.

현대판 마녀사냥

하지만 '사회적 체벌'이라는 방법이 엄청나게 잔인한 결과를 낳을 수 있다. 자칫하면 마녀사냥[2]이 부활하여 '현대판 마녀사냥−넷카시즘(Internet+McCarthyism)'이 만연할 수 있다. 익명성의 탈을 쓰고 한 사람의 작은 잘못을 확대·재생산하여 궁지에 몰아넣고 비난한 뒤, 사실이 아닌 것이 밝혀지면 '아니면 말고' 식의 태도로 행동한다면, 우리 사회의 미래는 아주 끔찍하게 변할 것이다. 또한 자기 자신이 '넷카시즘'의 피해자가 될까 봐 잠시도 안심하지 못한 채로 불안에 떨며 사는 것이 일상이 될 수도 있다. '빅 브라더'[3]가 인터넷의 모습을 띤 현실로 다가올지도 모른다.

그러므로 우리는 항상 모든 사실을 정확히 알려고 노력해야 한다. 사건의 한 부분이 아닌, 모든 각도에서 모든 부분을 살피고 분석할 수 있어야 한다. 또한 원색적인 '비난'이 아닌, 정당한 '비판'을 해야 한다. 그래야만 '현대판 마녀사냥'이 우리 사회에 만연해지는 것을 막을 수 있을 것이다.

결론

여러 가지 사례들과 3가지 관점에서 '왜 ○○남보다 ○○녀가 더 많을까?'라는 문제에 대해 알아보고, 연구하고, 시사점까지 찾아보

---

2. 중세 말기부터 근대에 이르기까지 유럽 및 북아메리카 일대에서 행해졌던 마녀나 마법 행위에 대한 추궁과 재판에서부터 형벌에 이르는 일련의 행위. 주로 여성에게 행해짐.
3. 조지 오웰의 소설 《1984》에 등장하는 용어로서, 정보의 독점으로 사회를 통제하는 관리 권력, 혹은 그러한 사회 체계를 일컫는다.

았다.

첫 번째로 인간의 '무리 짓는 본능'이라는 관점에서 사회적 강자인 남성들이 여성들의 비행을 부각시켜 남성 자신들의 우월한 위치를 확고히 하기 위해 무수히 많은 '○○녀'들을 생산한다고 분석해 보았다.

두 번째로 '여성이라는 이유'라는 관점에서는, 유교 문화권에 속한 우리 사회에 아직도 '여성은 조용히 내조를 해야 한다.' 등과 같은 여성의 모든 행위를 억압하는 풍토가 남아 있다. 그래서 유독 여성의 비행이 눈에 띄는 것이고, 따라서 '○○남'보다 '○○녀'가 많이 생산되었다고 분석해 보았다.

세 번째로 '인터넷 매체의 영향'의 관점에서 '○○녀'가 인터넷, 특히 빠른 의사소통이 가능한 SNS를 통해 예전에 비해 훨씬 빠르게 퍼졌으며, 또한 현대인의 소통 부재와 인스턴트 정보 선호 등이 '○○녀'의 생산과 유포를 부추긴다고 분석해 보았다.

이 세 가지 원인 분석을 통해 첫 번째로 '○○녀' 생산 사태가 현대적 의미의 사회적 체벌을 탄생시켰으며, 나아가 '전 국민 재판'의 가능성에 대해 분석해 보았다.

두 번째로는 '○○녀'들 때문에 만들어진 사회적 체벌이 '현대판 마녀사냥'으로 변질될 수 있으므로 우리 모두에게 '비난'이 아닌 정당한 '비판'이 필요하다고 분석해 보았다.

위의 세 가지 원인 분석과, 그로 인해 도출된 시사점들을 통해 우리는 '모든 시민이 항상 생각하고 합리적으로 행동해야 한다'는 것을 알 수 있다. 그래야만 우리는 무리 짓는 본능을 이겨 낼 수 있을 것이고, 여성 인권의 억압을 제거할 수 있을 것이며, '빅 브라더'가 될지도 모르는 인터넷 매체의 영향에서 자유로울 수 있을 것이다.

▶ 참고 문헌
• 요즘 애들 왜 이러나?… '경희대 패륜녀' 논란-폴리뉴스 이청원 기자.
• 강남 한복판 속도 경쟁 30대 벤츠男… 정면충돌로 2명 숨지게 해-매일뉴스 뉴스속보부.

1회 대회 금상

학교 내
비정규직의
눈물

학교 내
비정규직의 차별 사례와
사회적 대책 모색

김포 하성고등학교 2학년 박민지

서론

나의 꿈은 얼마 전까지 초등학교 교사였다. 지금은 교육과 관련된 모든 일에 관심이 많다. 그렇다 보니 교육이나 학교에 관련된 일에는 무엇보다 눈이 먼저 간다. 학생들의 인권을 지키기 위한 〈학생인권조례〉가 정작 학교에서는 이런저런 문제를 만들며 학교의 또 다른 구성원인 교사의 인권을 망가뜨려 버리는 요즘의 현실이 참 안타깝다. 가르치고 배우는 공간에 책 읽는 소리와 웃음소리가 가득하면 좋을 텐데, 요즘 뉴스나 신문에서 들려오는 학교 소식들은 어둡기만 하다.

그런데 이런 이야기에조차 끼지 못하는 또 하나의 학교 구성원이 있었다. 학교 내 비정규직이다. 얼마 전 한 신문 기사[1]에서 학교 내 비정규직 중의 하나인 79세 어느 수위의 절망스러운 이야기가 소개되었다. 9년 동안 쉬지도 못하고 일하던 그가 뇌졸중에 걸려서 병원에 입원하자 해당 경비업체에서는 입원 기간의 대체 근무 비용을 일당보다 많이 내라고 그에게 요구했다. 만약 그만큼의 돈을 내지 못하면 사표를 쓰라고 해서 어쩔 수 없이 사표를 썼고, 퇴직금도 얼마 받지 못했다는 내용이었다.

고등학교 2학년, 11년째 학교생활을 해 오면서 비정규직은 나에게 투명 인간과도 같은 사람들이었다. 관심이 없었으니 보이지 않

---

1. 경향신문 2012. 6. 12. 〈학교 내 비정규직 79세 '수위'의 절망〉 곽희양·박순봉 기자.

았고, 보이지 않았으니 그들이 어떤 삶을 살고 있는지 알지 못했다. 신문 기사에서 본 그 수위의 사례가 비정규직의 세계에선 공공연한 것은 아닌지, 다른 비정규직들은 어떤 대우를 받으며 살고 있는지 더 알아보고 싶었다. 그중에서도 내가 학생이기 때문에 내가 소속된 곳, 건강하고 아름다워야 할 학교에서 비정규직이라는 그림자는 얼마나 존재하는지를 알아볼 것이다.

이 논문은 비정규직에 대한 일반적인 개념을 제시한 뒤, 학교 내 비정규직의 정의와 종류를 알아볼 것이다. 또한 학교 내 비정규직이 차별받는 사례를 분석하여 차별이 일어나는 원인을 찾아보고 이를 해결할 수 있는 사회적 대책을 고민하고 제시하려 한다.

본론

비정규직이란?

학교 내 비정규직이 차별을 많이 받고 있을 거라는 생각은 했지만 비정규직에 대해서 그 정의조차도 잘 알지 못했다. 그래서 비정규직에 대해 찾아보았다.

비정규직 근로자[2]는 임금, 근로 계약 기간, 근로 시간 등 중요 근로 조건에 벗어나는 근로자로서 일반적으로 파견 근로, 단시간 근

---

2. 네이버 백과사전.

로, 계약직, 도급, 위탁, 특수 고용 계약직에 종사하는 근로자를 의미한다. 비정규직을 규정하는 국제적으로 통일된 기준은 없으나, OECD는 임시직 근로자를 비정규직으로 파악하고 있다. 임시직 근로자로는 유기 계약 근로자, 파견 근로자, 계절 근로자, 호출 근로자 등을 포함하고 있다.

우리나라 비정규직의 유형은 고용의 지속성, 근로 시간, 근로 제공 방식에 따라 한시적 근로자, 시간제 근로자, 비전형 근로자로 분류한다. 먼저 고용의 지속성 여부에 따라 비정규직으로 분류되는 한시적 근로자는 근로 계약 기간을 정하였거나 또는 정하지는 않았으나 비자발적 사유로 계속 근무를 기대할 수 없는 근로자이다. 두 번째로 근로 시간에 따라 비정규직으로 분류되는 시간제 근로자는 근로 시간이 통상의 근로자에 비해 짧은 파트타임 근로자이다. 세 번째로 근로 제공 방식에 따라 비정규직으로 분류되는 비전형 근로자는 파견 근로자, 용역 근로자, 특수 형태 근로 종사자, 가정 내 근로자(재택, 가내), 일일(호출) 근로자 등이 포함된다.

학교 내 비정규직의 종류

학교 내 비정규직은 크게 셋으로 분류할 수 있다.[3]

첫 번째는 우리가 흔히 아는 기간제 교사이다. 정규 교사는 임용 고시에 합격한 후, 교육감이 발령을 내면 그에 따라 학교에 부

---

3. 네이버 블로그 '전태일의 풀빵' 학교 비정규직, 지역사회가 함께 풀어야.

임하지만, 기간제 교사는 임용 고시에 떨어진 사람이나 합격하고 대기 중인 사람을 학교장이 임용하는 사람이라는 점에서 차이가 있다. 교육공무원법에 교원의 임용권자는 교원 후임자의 보충이 불가피할 때, 특정 교과를 한시적으로 담당하도록 할 필요가 있을 때 기간제 교원을 임용할 수 있다고 규정하고 있다. 2011년 통계[4]에서 보면 기간제 교사는 전국적으로 4만 명이 넘는다. 기간제 교사들이 학교 내 다른 비정규직보다 나은 것은 호봉제 적용을 받아 임금이 인상되는 것이지만, 반대로 2년이 지나면 무기 계약직으로 전환해야 한다는 규정이 없어 2년을 주기로 고용 불안을 가장 크게 느끼고 있는 직업군이기도 하다.

두 번째는 학교장 직고용 회계직이다. 교육 기관에서 급식, 교무 보조, 행정 보조, 도서관 사서 등을 담당하는 이들이다. 이들은 호봉제 적용을 받지 못해 심지어 한 달 일한 사람과 10년 일한 사람의 임금이 같은 말도 안 되는 일이 벌어지고 있다.

세 번째는 파견 노동자이다. 대체로 경비, 당직, 청소 용역 등을 담당하는데 이들의 수는 파악이 되지 않지만, 최소 5만이 넘을 것을 예상하고 있고, 학교에서 가장 오랜 시간 머물고 많은 일을 하는 것에 비해 대우를 받지 못하고 있다.

현재 우리나라 초·중·고등학교에서 일하고 있는 학교 내 비정규직이 10만 명을 넘어서고 있고 계속 늘어나고 있는 추세이다. 학교

---

4. 경향신문 2012. 7. 2. 〈[교단에서]기간제 교사는 교육공무원이 아닌가〉 한만중 교사.

교육 방침과 수업 형태에 따라 수십여 개의 직종이 꾸준히 늘어나고 있다. 2011년 3월 경기도 통계 자료[5]를 보니 학교에는 약 25개 직종의 비정규직이 있고 그 수는 약 2만 8천 명 정도였다.

학교 내 비정규직이 차별받는 사례

학교 내 비정규직은 구체적으로 어떤 생활을 하며 어떤 차별을 받고 있을지 신문 기사를 중심으로 사례를 수집하였다.

첫 번째 사례[6]는 한 감시직 노동자의 이야기이다. 서울 강서구의 한 초등학교에서 경비 근무를 서던 감시직 노동자 ㄱ씨(79)는 갑자기 학교에서 쓰러져 뇌졸중 진단을 받았다. 같은 날 용역 업체 직원이 병원을 찾아와서 의식이 없던 ㄱ씨 대신 그의 아내 ㄴ씨(58)에게 환자가 일을 하지 못하게 되었으니 사표를 대신 써 달라고 했다. 용역 업체에서는 사직서를 쓰지 않으면 그 기간의 대체 근무 비용을 내야 한다고 했다. ㄱ씨는 하루에 16시간을 학교에서 보내지만 하루 일당은 2만 6000원에 불과하였고 대체 근무 비용은 그보다 높았다. ㄴ씨는 그 말에 어쩔 수 없이 사표를 써 줬다. 이 업체는 퇴직금이라며 69만 5000원을 지급했고 치료비에 보태라며 10만원을 줬다.

ㄱ씨는 이 학교에서 9년째 일해 왔지만 학교 소속이 아니라 용역 업체와 계약된 비정규직 노동자다. ㄱ씨는 교대 근무자가 없는 데

---

5. 2012년 학교 회계 직원 고용 안정 및 처우 개선 계획.
6. 경향신문 2012. 6. 12. 〈[학교 내 비정규직]79세 '수위'의 절망〉 곽희양·박순봉 기자.

다 하루라도 쉬려면 용역 업체 측에 대체 근무 비용을 내야 했기 때문에 쉬지 못하고 일하며 힘들어 했다. 그는 명절 때조차 꼬박 7일을 학교에서 일하면서도 평일 근무와 같은 급여를 받았다고 했다. 그는 이 회사와 1년 단위로 재계약을 맺기 때문에 1년 이상 근무했을 시에만 쓸 수 있는 연차를 써 본 적이 없다.

공공운수노조는 기자 회견을 열고 용역업체가 16시간 근무 중 8시간을 휴게 시간으로 제한 채 급여를 준 것은 근로기준법 위반이라며 월 급여로 75만원을 지급한 것도 법을 위반한 것이라고 했다. 고용노동부는 학교 비정규직 노조의 문제 제기에 따라 뒤늦게 실태 조사에 나섰다.

용역 업체 측은 학교 당직 근무는 대체 근무자가 바로 필요하다면서 사직서는 ㄱ씨 가족과 합의해서 받은 것이라고 했다. 그래서 이 사건은 법적으로 아무 문제 없는 것으로 끝이 났다.

두 번째로는 급식 조리원[7]의 사례이다. 지난달 말 급식 조리원으로 10년간 일하다가 부산 A중학교에서 퇴직한 최명옥(57) 씨는 자신이 억울하게 쫓겨났다고 했다. 공식적으로는 만 57세로 정해져 있는 학교의 회계 직원 정년 규정에 따라 퇴직한 것이지만 실제로는 학부모들이 제기한 급식 질 불만에 대한 책임을 혼자 뒤집어쓴 것이라는 주장이다.

최 씨가 이런 생각을 하게 된 데에는 나름의 이유가 있다. 최 씨

---

7. 부산일보 2012. 6. 18. 〈학교 비정규직 차별 없앤다더니… 생색뿐인 교육청 정년 연장 권고〉 김희돈 기자.

는 2월까지만 하더라도 행정실을 통해 정년이 연장됐다고 통보를 받았다. 그런데 3월 중순 갑자기 학교운영위원회 심의를 거쳐야 한다는 입장으로 급변했다고 한다. 이는 교장의 의지에 따라 충분히 연장이 가능한데도 교장이 그렇게 할 의사가 없다는 것을 보여 주는 것이라고 주장했다.

부산시교육청은 지난해 말 관내 600여 초·중·고교에 '학교 회계직원 처우 대폭 개선'이라는 공문을 보내 현재 만 57세인 정년을 올해부터 59세로 연장하도록 했다. 이에 따라 최 씨는 자신의 정년도 당연히 연장될 것으로 기대하고 있었다. 학교 측에서는 교육청 공문은 반드시 따라야 하는 것은 아니라는 입장이다. 교장은 오히려 학교 급식이 학부모들이 부담하는 비용으로 운영되므로 이들의 의사를 존중하는 것이 더 중요하다고 했다. 또 확인해 본 결과 조리원 중 최 씨만 유일하게 자격증이 없는 데다가 본인 스스로 육체적으로 힘들어 근무를 열심히 하지 않은 면도 있다고 했다.

최 씨는 이왕 내보내려면 좋게 마무리 지을 수도 있을 텐데 굳이 학부모들의 의견이라는 핑계로 나를 문제 있는 사람으로 만든 것은 도저히 용납할 수 없다며 나를 포함해 조리원 5명에 영양사까지 있었는데 나 때문에 급식 맛이 떨어졌다는 게 말이 되지 않는다고 했다. 또 학교 측에서 제시한 자격증에 대해서도 할 말이 많다. 최 씨는 10년 전 처음 채용될 때부터 자격증은 아예 요구 조건이 아니었다며 중간에라도 요구를 했다면 자격증을 취득했을 텐데 그런 요구조차 없었다고 항변했다.

학교비정규직노동조합도 최 씨의 퇴직을 부당 해고로 규정하고 임혜경 교육감과 박재관 교장을 국가인권위에 제소하고 부당 노동 행위로 노동청에 고발까지 했다. 지난 14일엔 교육청에 감사 청구를 하기도 했다. 최 씨도 매일 오전과 오후 두 차례 학교 앞에서 피켓 시위를 하고 있다.

지금까지 살펴본 두 가지 사례가 드문 일이 아니다. 우리나라 모든 학교 내 비정규직들이 겪는 아픔을 대변하는 것이다. 이들의 사례에 공통적으로 등장하는 학교 내 비정규직들의 구조적 차별 양상을 정리해 보자.

학교 내 비정규직의 공통적인 차별 양상

첫째, 일하는 시간과 강도에 견주어 적은 임금을 받고 있다. 위의 비정규직들은 하루 대부분의 시간을 힘든 일을 하며 보낸다. 그러나 비정규직의 임금은 최저 임금 수준에 해당하고 호봉제를 적용하지 않기 때문에 아무리 오랜 기간을 일해 왔어도 월급이 오르지 않는다.

둘째, 학교 측으로부터 부당한 이유로 해고될 수 있어 고용 불안이 크다는 점이다. 두 사례를 보면 모두 부당하게 일을 그만두게 되었다. 이처럼 무기 계약직이 아니라서 언제든지 고용주 측에서 해고를 할 수 있기 때문에 비정규직은 고용주가 처리하는 대로 당하게 될 수밖에 없다.

셋째, 비정규직은 대체 인력을 구하기 힘든 구조이기 때문에 쉬지 못하고 일을 나와야만 한다. 나오지 못하는 날에는 자신의 일당보다 더 많은 대체 근무 비용을 내고 대체 인력을 구해야 한다. 안 그러면 자신의 몫을 다른 동료들이 나눠서 해야 하기 때문에 미안해서도 일을 빠지는 것은 거의 불가능하다.

첫 번째 사례에서 보듯, 대체 인력 비용을 업체에서 자신의 일당보다 터무니없이 높은 가격으로 부르는 횡포를 부려 부당 해고로 마무리 짓기까지 한다. 현재 인력풀 제도가 생겼다고는 하지만 현실에서는 실용성 0%, 아무도 찾지 않는 제도일 뿐이었다.

그 밖에도 학교 내 비정규직은 교육청에서 고용된 사람들이 아니기 때문에 정규직들이 그들을 같은 동료로 생각하지 않고 소외시키는 경우가 있다. 또 교무실에서 비정규직은 선생님들이 시키는 허드렛일을 하느라 바쁘다.

차별받고 소외되는 이러한 비정규직의 모습은 학생들에게까지 악영향[8]을 끼칠 수 있다. 계급 사회와 그에 따른 사람들의 차별이 바로 아이들의 눈앞에서 이뤄지기 때문에 경쟁만을 추구하고 차별을 당연시하는 잘못된 가치관을 심어 줄 수 있다.

학교 내 비정규직은 다양한 이유로 차별받으며 지내고, 우리 모두는 그런 불합리한 세상에 침묵으로서 동조하고 있다.

---

8. EBS뉴스 2011.12.7. 〈학교 회계직 4편-문제는 교육의 질〉 오승재 기자.

사회적 대책 모색

학교 내 비정규직의 차별을 막기 위한 사회적 차원의 대책을 크게 두 가지로 생각해 볼 수 있다. 현실적인 법적 제도 마련과 사회 구성원들의 인식 변화가 그것이다.

현재 〈2012년 학교회계직원 고용안정 및 처우개선 계획안〉이 마련되어 올해에는 이전보다 학교 내 비정규직의 처우가 많이 개선되었다는 목소리가 들려오고 있다. 또한 경기도의 경우 오는 9월부터는 더 많은 법적 조항들이 효력을 발휘할 것이다.

그러나 아직도 형식상으로만 존재하는 조항들이 많다. 특히 인력풀 제도가 그러하다. 대체 인력으로 일하는 사람들은 다른 직업을 가져서는 안 되고 항시 대기 상태여야 한다. 어느 누가 자신이 언제 일을 하게 될지 모르는, 어쩌면 1년 내내 일이 없을 수도 있는 대체 인력으로 일을 하려고 할 텐가. 각 지역 교육청 소속의 인력풀 제도를 만들어 수요자나 사용자 모두에게 도움이 되는 공간으로 운영되어 갈 수 있도록 머리를 맞대야 할 것이다.

또한 점점 학교 내 비정규직을 교육청에서 고용하는 것으로 바뀌고 있는데 하루 빨리 법적으로 정착되어 비정규직이 부당하게 해고되는 일이 없도록 해야 한다.

마지막으로 호봉제 대신 장기 근속 수당이라는 제도가 있기는 하지만 그것 또한 금액이 매우 적어 실제로는 비정규직에게 큰 도움을 주지 못하고 있다. 비정규직을 정규직으로 전환해서 호봉제를 적용시키지 않으려는 비겁한 제도라는 생각도 든다. 비정규직도 일을 오래 하다 보면 노하우가 생기는 법이다. 그만큼 일을 더 잘 하는 것인데 항상 적은 임금을 받다 보면 비정규직의 의욕도 떨어져 일의 능률을 저하시킬 수도 있다. 그러므로 비정규직도 정규직과 같은 호봉제가 적용이 되어야 하며, 법적으로 호봉제를 규정해 주는 것이 사람을 향하는 법이라 생각한다.

이러한 법적 장치를 마련하는 동시에, 학교 내 비정규직 10만 시대를 살아가는 모든 사회 구성원들도 이젠 생각을 바꿔야 한다. 방법은 간단하다. 비정규직들을 같은 동료로 인정하고 차별 없이 대하는 것이다. 현재는 비정규직의 자긍심과 소속감을 높이자는 의도로 '보조'라는 명칭이 '실무사'로 바뀌었는데 이렇게 법적 제도로 바뀌어서 대우를 달리 하는 것만큼이나 같은 동료라는 생각을 가지고 먼저 다가가는 것이 더욱 중요하다. 자신의 선입견, 편견을 조금만 바꾸면 되는 것이다. 학교 내 비정규직은 각자의 할 일이 있다. 이 사람들은 절대로 정규직의 심부름을 하려고 이 직업을 택한 것이 아니다. 커피 타는 일, 복사하는 일 등의 사소한 일들은 비정규직에게 시키는 것이 아니라 스스로 해야 한다. '자기의 일은 스스로 하라.' 어린이들조차 아는 말이 아닌가.

결론

논문을 통해 학교 내 비정규직의 일반적인 개념을 정리하고 사례를 분석하다 보니, 자연스레 우리 학교에 있는 비정규직을 만나 현장의 목소리를 들어 보고 싶었다. 그래서 미리 약속 시간을 잡아 우리 학교 조화숙(59세) 조리사님과 김정미(42세) 영양사님을 만나 이야기를 나누어 보았다. 2012년 7월 10일 오후 2시, 한바탕 500명이 점심을 먹은 뒤 설거지까지 마친 그분들의 달콤한 휴식 시간이었다.

조리사님은 집안의 가정 경제를 책임지는 가장으로서 먹고살기 위해서 이곳에서 일하게 되었다고 하셨다. 지금까지 우리 학교에서 일하신 기간은 6년 정도 되었다고 한다. 직영으로 바뀐 것이 6년, 위탁 업체에서 근무하신 것까지 합치면 하성고 근무는 14년이다.

조리사님은 아침 8시에 학교를 와서 간단한 조회를 한 뒤, 본격적인 일은 9시에 시작한다. 9시부터 11까지 조리를 하고 11시 30분부터 짧은 점심시간이 주어진다. 점심을 먹고 12시부터 중, 고등학교 배식이 이루어진다. 학생들의 점심시간이 끝나고 청소를 다 마치면 3시 30분이 되고 정리를 하신 뒤 퇴근을 하는 것이 그분의 하루이다.

하지만 우리 학교는 기숙형 고등학교이기 때문에 조식과 석식도 한다. 조식과 석식은 교대 근무를 한다. 조리사님이 쉬는 날은 일요일, 공휴일, 기숙사 방학뿐이고 토요일은 교대 근무를 한다.

이렇게 일하시면서 받는 일당은 약 4만5천 원이다. 조리사님은 자격증 수당이 있어서 약 120만 원의 월급을 받는다고 한다. 올해 비정규직에 대한 처우 개선책 덕분에 조금씩이라도 좋아진 점이 생겼다고 한다. 9월부터는 더 좋아질 거라는 얘길 많이 듣고 있다며 기대하시기도 했다.

고용 불안은 없는지도 여쭈었다. 우리 학교는 다른 곳에 비해 외진 곳이고 기숙형 고등학교라 일해야 하는 양도 많다 보니 사람들이 지원하지 않기 때문에 다른 곳과 달리 고용 불안에 대한 걱정은 없었다. 그만둔다 하면 학교에서 쩔쩔매니까, 그거 하나는 우리가 큰소리친다고 크게 웃었다.

학교 조리사로 일하면서 어려웠던 점은 없었는지를 여쭙자, 학교 사람들과의 관계가 좋아 근무 환경은 괜찮은 편이긴 해도, "엄청 많지!"하며 쏟아 내셨다. 한여름에도 실내 온도가 40°C가 넘는 곳에서 쉬지도 못하면서 일하고 무거운 것도 많이 들어야 하는 것, 휴게실마저 작아 편히 쉴 수 없는 점 등 소소한 일상부터 시작해서 호봉제와 대체 인력 부족이라는 큰 맥락까지 짚어 주셨다.

이곳 분들의 월급은 100만 원이 약간 넘을 정도의 금액이었고, 호봉제가 없어 오랜 기간을 일해 왔어도 월급은 차이가 거의 없었다. 대체 인력을 구하기 어려워 심지어 어떤 분은 시아버지가 돌아가셨는데도 그날 일을 하셨다고 한다. 한 사람당 맡으신 학생 수가 100명 정도 되는데 조리사 한 사람이 빠지게 되면 나머지 조리사들이 맡아야 할 학생 수가 120명으로 늘게 되는 꼴이니, 동료들한테 미안해서라도 병가도 마음대로 내지 못하는 상황이라고 한다.

이런저런 말을 떠나 죄송스러웠다. 법적으로 그분에 대해 무언가 약속을 해드릴 수 없는 학생의 입장에서, 혹시 학교 사람들이라도 좀 더 편한 근무 환경을 만들어 드리기 위해 도와 드릴 일이 없나를 여쭈어 보았다. 학교와 학생들에게 당부하고 싶은 말이 없는지도 덧붙였다.

그분이 하신 말씀은 의외였다. 오븐이 없어서 요리가 다양하지 못해서 학생들에게 미안하다, 조미료를 넣지 않아 맛은 없겠지만 학생들의 영양을 위해서 어쩔 수 없는 것이니 참고 먹어 달라, 컵이랑 젓가락 가져가지 마라. 그것들을 사들이는 돈으로 과일이라도 한 쪽 더 올려 줄 수 있다, 그리고 미안하다……. 그분들이 제일 행복한 순간은 우리가 급식을 맛있게 먹을 때라고 하셨다. 우리 학교는 김치와 밥을 스스로 푸는데 김치를 많이 퍼 가는 아이들을 보면 기분이 좋다고 하셨다. 김치를 듬뿍 퍼 가는 학생들의 얼굴은 급식실에서 일하시는 분들 사이에선 예쁜이들로 통했다.

이야기를 마치고 급식실을 나오려는데, 신발을 갈아 신는 곳까지 따라 나와 인사를 해 주신다. 고마움과 미안함이 섞인 복잡한 마음이 찌르르 흐른다. 이야기를 나누어 보기 전까지는 우리 학교 급식실 종사자 분들이 이렇게 힘들게 일하시는 줄 알지 못하고 있었다. 그런데 그분들과 이야기를 나누어 보면서 정말 많은 것을 느꼈고 학교 내 비정규직에 대한 전반적인 내용도 더 구체적으로 알 수 있게 되었다.

학교 내 비정규직 10만 시대, 지금 학생인 우리가 사회에 나갈 때 90% 이상이 비정규직부터 출발할 것이라고들 말한다. 남 일이 아니다. 설사 남 일이어도 침묵하는 건 죄다. 지금까지 살펴보았듯

학교 내 비정규직의 차별을 막을 수 있는 현실성 있는 법제화 추진, 그들을 향한 사회적 인식 전환이 필요하다.

또한 나와 같은 학교에 있는 학생들은 항상 우리를 위해 일해주시는 비정규직 분들을 위해 우선 밝게 인사를 드리자. 마주치면 크게 웃으며 인사하고, 밥을 다 먹고 나올 땐 "고맙습니다!"라고 말씀드리자. 학교 내 비정규직, 잘 보이지 않지만 우리를 위해 묵묵히 일하는 그분들을 우리는 분명히 보아야 할 것이다. 이 세상의 뿌리 같은 그분들을.

학교를
떠나는
학생들

교실 속 영원한 빈자리,
학교에 손을 뗀 학생
(학업 중단 학생들의 실태,
그리고 원인과 해결 방안)

대전 관저고등학교 2학년 양진성

*이 원고는 편집 과정에서 임의로 소제목을 달았다.

들어가며

    저자는 이 글을 쓰기 전에 '학교란 무엇인가?'에 대해서 독자들과 함께 생각해 보고 싶다. 아마도 배우는 곳, 노는 곳, 귀찮은 곳 등으로 다양하게 표현할 것이다. 하루 대부분의 시간을 학교에서 보내니, 학교를 다니기 싫어하는 학생들도 적지 않을 것이다. 저자는 이 논문을 쓰던 고등학교 2학년 당시에 학생자치법정 변호사로 활동하면서, 벌점이 많은 학생들(소위 문제아)을 변호한 적이 있었다. 벌점 내역에는 복장 불량, 흡연, 무단 지각·결석 등 많은 사유들이 있었으나, 이들의 이야기를 듣고 바라보면서 억울한 점을 해결할 수 있도록 노력했다. 또한 당시에 무단결석과 학교 폭력 등으로 결국에는 자퇴를 한 같은 반 학생도 있었다. 저자는 학생자치법정 변호사 활동과 학교 다니기를 힘들어하는 학생들을 통해서, 우리가 미처 모르고 있던 '학생'과 '학교'의 모습을 통찰력 있게 바라볼 수 있는 계기가 되었다.

학교란 무엇인가

    학교는 '일정한 목적과 제도 하에 학생에게 교육을 실시하는 기관'이다. 학생은 학교를 이끌 수 있는 중심이므로 학생의 다양한 활동들이 학교를 좌우할 수 있다. 최근에도 학생 중심으로 개편되고 있는 대학수학능력시험 등의 교육 정책 및 학교 운영 방향처럼 말이다. 학교의 고전적 의미는 학생을 가르치며 '평생 교육平生教育'을 책임지는 것이다. 하지만 최근에는 학교의 의미가 더욱 확장되어 교육 선배이신 선생님께서 교육 의무자인 학생들에게 사회생활과 인격 형성, 진로 결정 등을 도와주는 '제2의 교육자' 역할을 하는 곳이다. 〈교육기본법〉과 〈평생교육법〉 등에도 입법화되어 있듯이, 학교는 단순히 상급 학교 진학의 수단이 아니라, 모든 국민에게 평생 교육의 기회를 균등하게 제공하는 공공성을 지닌 사회적인 역할을 할 수 있어야 한다.

고등학교는 원래 이래?

그렇다면 학교 속 학생들의 생활은 어떨까? 학생들은 학교를 어떻게 바라보고 있을까? 저자는 이 궁금증을 해결하기 위해서, 몇몇 학생들을 대상으로 심층적인 인터뷰를 실시했다.

A학생의 경우에는, 야간 자율 학습을 하기 싫은데도 담임 선생님이 강제로 시켜서 하게 되었다고 한다. 밤 10시라는 늦은 시간까지 학교에 남는데, 자신에게는 답답하기만 할 뿐 도움이 되지 않는 것 같다고 하였다. B학생의 경우에는, 시 외곽에 거주하기 때문에 등교할 때마다 버스 타기에 바쁘다고 하였다. 왜냐하면 배차 시간이 1시간도 넘어서 자칫하다가는 지각할 수도 있기 때문이라고

한다. 하교할 때도 막차를 간신히 잡아서 타는데, 부모님보다 늦은 시각까지 학교에서 공부만 하는 것이 무슨 소용이 있겠냐며 불만을 나타냈다. C학생의 경우에는, 수업 시작 종소리가 울리면 학생들에게는 얼른 교실로 들어가라고 하면서 정작 선생님들은 왜 종 울리고 나중에 들어오는지 모르겠다고 하였다. 마지막으로 D학생의 경우에는 복잡한 수학 공식도 학교를 졸업하면 쓰지도 않는데, 왜 이렇게 어려운 것을 이해시키며 배우는지 답답하다고 하였다. 미국에서도 이런 식으로 배우지는 않는다며 너무 과하다고 했다.

어쨌거나 시간이 흘러가고 시대가 변화함에도, 학교에 대한 불만의 목소리는 끊이지 않고 있다. 관념적으로 '고등학교는 원래 이래.'라면서 답답한 학교생활에 우리가 맞추면서 적응하고 있다. 그러나 일부 학생들은 학교 다니는 것을 싫어하며 일탈하기 일쑤이다. 50분 수업에 10분 쉬는 시간이라서, 매점을 간다거나 운동복으로 갈아입는 시간 등은 부족하고, 선생님들도 많은 업무량으로 스트레스를 받는 날이 많을 것이다.

현대 사회에 들어서면서 배워야 할 지식은 많아지지만, 실생활에 쓰이기는커녕 시험 점수를 잘 받기 위한 공부로 변질되고 있는 것 같다. 해마다 교육부에서는 학생들을 위한 교육 정책들을 쏟아내지만, 현실은 입시 위주의 수업과 사교육을 부추기는 부작용을 낳고 있다.

학교를 떠나는 학생들

시대가 변화하면서 교육 제도가 발달하고 양적으로도 많은 성장을 거듭했지만, 우리의 교육 제도에 대해서 국민들은 불만의 목소리가 많아지고 있으며, 기업에서는 쓸모 있는 교육을 못 하고 질적 수준도 낮다고 하면서 비판하고 있다.

슬프게도 이러한 현실 탓에 학업 중단 학생(중퇴 학생)이 꾸준히 증가하고 있다. 학업 중단 학생(중퇴 학생)이란, '중도 퇴학된 학생'으로써 학교에 소속이 되지 않은 16세에서 24세의 사람들과 학교를 떠난 시기와 상관없이 고등학교 과정을 마치지 못한 사람들을 말한다.

재학생이라면 학교에 자주 결석하거나 자퇴하는 학생을 한 번씩은 본 적이 있을 것이다. 하지만 이들을 바라보기만 할 뿐, 숨겨진 내면을 읽어 본 적이 있는가? 도대체 학교에 오기 싫은 진정한 이유가 무엇인지 궁금하지도 않았는가? 학교를 다니지 않으면 평소에는 무엇을 하며 살까?

저자는 이러한 의문을 가지고서 우리나라의 학업 중단 학생에 대해서 탐구하게 되었다. 가장 먼저 우리나라의 학업 중단 학생 현황을 알아보기 위해서 (논문을 쓰던 시기에 가장 최근인) 당시 교육과학기술부에서 2011년 8월에 보도한 〈2011년 교육기본통계조사〉를 분석했다. 이 보도 자료를 통해서도 초중고교 모두 학업 중단 학생 비율이 증가하고 있다는 것을 알 수 있었다. 저자는 '고등학교만 늘어나겠지.'라고 생각했으나, 잘못된 통념이라서 생각이 바뀌게 되었다.

비록 전체 학생 중에서는 학업 중단 학생 비율이 낮지만, 사회적 소수자이고 '학교 밖 청소년'이라면서 우리가 이들을 무시하면, 학생 개인은 물론이고 우리 사회에도 큰 사회 문제가 생길 수 있다.

학업 중단 학생들, 어디에 있나?

그렇다면 학업 중단 학생은 전국적으로 고르게 분포할까? 지역의 특정한 환경과 교육 여건 등과는 무관한 것인가? 이 궁금증을 해결하기 위해서 학교 정보 공시 웹사이트 '학교알리미www.schoolinfo.go.kr'를 활용하여 지역별로 구체적으로 분석해 보았다. 2011년에 수집된 데이터에 따르면 전국의 학업 중단 학생 평균 비율은 약 2%를 기록하였다. 시·도별로 구분해서 살펴보면 대전광역시가 2.5%로 가장 높았으며, 강원도와 충청남도가 그 뒤를 이었다. 반면에 대구광역시와 제주도는 1.6%로 가장 낮은 비율을 나타냈다. 서울특별시의 경우에는 학업 중단 학생 비율이 가장 높을 것 같다고 예상했지만 평균치를 보였다.

저자는 학업 중단 학생 비율이 가장 높은 대전광역시를 자세하게 파헤쳐 보기로 하였다. 학교알리미에 따르면 2011년 기준으로 대전광역시 5개 자치구 중에서, 유성구 지역이 3.8%로 가장 높았고 동구 지역이 1.7%로 가장 낮았다. 같은 자치 단체 내에서도 2배 이상 차이가 있는데, 왜 이런 결과가 나타나는지 궁금해졌다. 그래서 여러 가지 통계 자료를 통해서 2011년 기준 대전광역시에 소재한 61개 고등학교를 대상으로, 학업 중단 학생 비율을 엑셀 파일로 만들었다.

먼저 학교 계열을 살펴보기로 하였다. 학업 중단 학생 비율이 가장 높던 대전시 유성구는 17개 고등학교 중에서 7곳이 전문계 고등학교였다. 이 전문계 고등학교들의 학업 중단 학생 비율은 평균 15%를 넘는데, 이 중에서 관내 'D기계고등학교'의 경우에는 22%까지도 이르렀다. 반면에 대전시 서구는 16개 고등학교 중에서 1곳만이 전문계 고등학교였다. 그래서인지 학업 중단 학생 비율도 1%로 낮은 수치였다.

학업 중단 학생 비율이 1.6%로 가장 낮은 대구광역시도 분석해 보았다. 대구시 동구의 경우에는 3%로 관내 자치구 가운데서 가장 높게 나왔다. 대구시 동구의 12개 고등학교 중에서 전문계 고등학교는 6곳으로 이 학교들의 학업 중단 비율(5.5%)은 상대적으로 높았다. 특히 관내 'J공업고등학교'의 경우에는 18%에 이르렀다. 결론적으로 전문계 고등학교에서는 학업 중단 학생 비율이 타 계열 고등학교보다 높다는 것을 알 수 있었다.

두 번째로는 고등학교 학년별로 살펴보았다. 학업 중단 학생 비율이 높았던 대전시 유성구 지역의 'D기계고등학교'는 2011년 당시 전체 비율이 22%까지 이르렀는데, 1학년의 학업 중단 학생 비율은 43.5%였다. 일반계 고등학교에서도 1학년의 학업 중단 학생 비율은 다른 학년보다도 월등히 높았다. 갑작스럽게 학업 중단을 결정해서 다음 연도에 복학하는 학생들도 적지 않았다. 아쉽게도 저자가 이 논문을 작성했던 고등학교 2학년 당시에, 학업 중단 학생 현황에 대해서 분석한 자료들은 이것뿐이었다. 학년별로 더 구체적으로 분석하지 못하였고, 지역별 교육열이나 도시·농촌의 격차를 파악하지 못하였고, 학부모의 소득 수준이나 직업 등을 자세히 살피지 못한 게 정말로 아쉽다.

그들은 왜 학교를 떠나는가?

어쨌거나 위의 보도 자료를 통해서 초중고교 모두 학업 중단 학생 비율이 증가하고 있다는 것을 알 수 있었다. 그렇다면 '미래의 꿈나무'라고 불리는 학생들이 학교를 떠나는 이유가 무엇일까? 우리는 단순히 '학교가 힘들어서'라고 할 뿐, 진정한 이유가 무엇인지에 대해서는 생각해 보지 않았다. 그래서 그 이유를 탐구하기 위해서, 당시 교육과학기술부의 보도 자료와 학업 중단(자퇴, 퇴학, 유학 등)의 경험이 있는 사람들과의 인터뷰를 통해서 분석하고 추측해 보았다.

먼저 보고서나 보도 자료처럼 수치로 나타난 통계를 분석해서 여러 가지 이유를 알아보았다. 학년이 높아질수록 일찍 등교하고 더 늦게 귀가하니 피로와 고통이 쌓일 것이다. 또한 학습량은 많지만, 쉬는 시간은 짧고 일과가 복잡하니 학교를 귀찮은 곳이라고 생각할 것이다. 그래서 '학교 생활 부적응'이 학업 중단의 원인으로 가장 큰 요인을 차지하였다.

학교를 다니면서 대학 입시나 친구 관계 등도 걱정해야 하니까 열등감과 우울증과 같은 질병들을 앓거나 선천적인 장애를 가진 학생들도 많을 것이다. 교과서 위주의 수업이다 보니까 학교 체육 및 예체능의 비중은 상당히 적은 편이니, 영양학적으로 허약한 학생들이 증가하고 있다. 이처럼 '질병'과 같은 요인도 큰 비중을 차지하였다. 교칙에 어긋나는 행동을 한다거나 벌점이 많아서 '품행'의 이유로 학교를 그만두는 경우도 있으며, 가정 형편이 어렵거나 소년·소녀 가장처럼 가족 해체로 인한 '가사'의 이유도 있었다.

다음으로는 통계 자료에서도 언급되지 않은 여러 가지 이유들을 심층적으로 생각해 보았는데, 사회적인 요인에서 많이 찾을 수 있었다. 최근에도 논란이 되고 있는 학교 폭력과 같은 범죄에 대한 가해 학생 처벌과 피해 학생의 보호 처분 등이 학업 중단을 증가시킬 수도 있다. 그리고 일부 다문화 가정의 아이들은 따돌림이나 차별을 당하기 때문에 학교를 그만두는 경우가 많아지고 있다. 10대 아이돌 연예인의 활동이 증가함에 따라 이들의 방송 활동이 학교를 그만두게 할 수도 있다. 더 좋은 교육 환경을 찾기 위해서 해외 유학이나 이민을 가는 경우도 있다. 공부에는 흥미가 없고 기술만을 배워서 돈을 벌기 위해 학교를 다니지 않을 수 있다. 상급 학교에 진학하기 위해서 성적만으로 학교 계열을 성급하게 결정했거나, 가출과 같은 청소년의 탈선 때문일 수 있다. 교육 제도의 지나친 제도화, 학교 권력의 통제에 의한 순종·복종적인 지식의 습득, 그리고 과거 지향적인 지식으로 인해 실용적이지 못한 교육에 불만을 가졌을 수 있다. 일부 학업 중단 학생들이 검정고시를 치른다 하더라도, 학교에서는 졸업 기준을 높이고 추가 시험을 요구함으로서 학업 중단 학생 비율을 높일 수 있다고 한다.

학업 중단 학생 비율을 분석했을 때, 전문계 고등학교에서 꽤 높았다. 그 이유는 당시 교내 상담 선생님과의 인터뷰를 통해서 짐작할 수 있었다. 전문적인 지식을 배울 수 있어서 자신에게 적합할 것이라고 생각했지만, 막상 진학하면 그렇지 않아 학업 중단을 결정하는 경우가 많았다. 결국 성급한 진학과 진로 결정이 가장 큰 원인으로 나타났다.

전문계 학교에서는 상급 학교 진학보다는 취업을 위한 학적 관리를 중요시 한다. 그래서 전문계 학교 졸업 후 취업을 준비할 때, 학력은 물론이고 출결 상황이나 태도가 큰 영향을 준다. 그러므로 무단결석이나 지각 등을 많이 한 학생에게는 벌점을 부과해서, 학교 징계위원회를 거쳐 퇴학 또는 전학·자퇴 권고를 받는 경우가 있다고 한다. 일부 전문계 학교에서는 이러한 학생들이 떠나면 본교의 취업률 통계가 좋아져서 위상을 높일 수 있다고도 생각한다.

학업 중단과 사회 진출

학업 중단 학생들이 증가하면 우리 사회에는 무슨 일이 생길까? 일단 학교는 평생 교육을 책임지지만, 이들은 학교를 다니지 않으므로 학업 부진아로 많이 나타나게 될 것이다. 검정고시를 통해서도 학업을 해결하는 학생들이 있으나, 슬프게도 난이도가 높지 않은 내용만 배울 뿐 실제 공교육처럼 전문적이지는 않다. 상당수 학생들은 돈 벌 목적으로 전문 기술만을 배운다거나, 목표를 잃은 채 사는 학생들도 적지 않을 것이다. 우리는 도심 곳곳에서, 학교를 다니지 않고 흡연 등을 하면서 일탈하는 청소년들을 많이 보았을 것이다.

이처럼 학교를 다니지 않아 인성 교육이나 성교육·정보 윤리 교육 등을 배우지 못하니까, 바른 사회인으로 성장하기가 어려울 것이다. 결론적으로 교육 격차가 더욱 심화될 수 있다.

그리고 많은 학업 중단 학생들은 사회로 나아가는 길이라든지, 경제 활동 참가에서도 일정한 제약을 받게 된다. 고교 졸업자에 비해 고교 중퇴자는 상대적으로 취업률이 낮으며, 사회 진출의 벽도 높다. 참고로 안타까운 현실이지만 우리나라는 공무원이나 대기업 임원이 되기 위해서는 학력에 중점을 두고 있다. 학력이 낮은 학업 중단 학생들은 상대적으로 유흥 주점이나 비합법적인 직종에 종사하거나, 범죄로 인해서 교도소에 수감되는 경우도 많다.

전문직 자격증 취득이나 경진 대회 참여에서도 대학 재학생, 대졸자 등처럼 학력 제한이 있어서 학업 중단 학생들에게는 한계가 있을 뿐이다. 일자리도 단순 노무직이며 학력 때문에 제대로 된 대우를 받기도 힘들다. 정책적으로도 학업 중단 학생을 돕는 노력이 부족해서 소외되기도 쉽다.

마지막으로 학업 중단 학생이 증가하면 이들은 공교육도 같이 그만두게 되는 것이므로, 우리 미래 공교육 정책의 부실화를 유발한다. 학교에 대한 근본적인 문제점을 파악하기 어려워서 학업 중단 방지 대책이나 바른 공교육 정책을 세우기 힘들다. 결국 학교에서는 학생에게 적당한 맞춤형 교육을 실시하기 어려우므로 사교육 등에 의존하는 비율이 높아지고, 학업 중단 학생은 해마다 대물림될 뿐이다.

우리가 학교에서 공부할 때, 동네 공원이나 PC방 같은 곳에서 볼 수 있는 학생 중에는 학교를 다니지 않는 이른바 '학교 밖 청소년'도 있다. 이들은 특정한 제도나 규정으로부터 통제를 받지 않으며 사회에서도 보호와 감시가 미약하다. 그래서 이 학생들은 올바른 길로 나아가기가 쉽지 않다. 주변 환경 등으로 인해서 자신 스스로 삶을 만들고 배울 기회를 찾기가 힘들 것이다. 결국에는 삶을 비관하거나 비행과 같은 탈선을 하는 학생들도 적지 않다.

우리나라 학업 중단 학생들의 범죄는 어느 정도일지 궁금증이 생겼다. 그래서 저자는 2011년 당시 대검찰청에서 발표한 〈2010년 범죄 분석 자료집〉을 읽어 보며 분석했다. 이 자료집의 '소년 범죄

자와 교육 정도'를 분석한 표에 의하면, 2010년의 소년 범죄 89,776
건 중에서 초중고교 학업 중단 학생에 의한 범죄는 18,182건이나
발생하였다. 전체 소년 범죄의 약 20%를 차지하였다. 이는 재학 중
인 청소년의 범죄 비율에 비해서 낮은 수치이지만, 전체 학업 중단
학생끼리의 비교에서는 높은 수치를 보였다. 주로 강력 범죄(살인,
강도 등)와 재산 범죄(절도, 횡령 등), 무면허 운전에 의한 처벌이 많
은 비중을 차지하였다. 악성 댓글과 유언비어 유포처럼 인터넷정보
통신법 위반에 대한 처벌도 있었다.

학업 중단을 막기 위한 노력

우리가 학업 중단 학생들을 바라보기만 하고 바른길로 이끌지
못한다면, 미래 우리 사회는 혼탁해지고 혼란만 가중될 것이다. 또
한 이들을 방치했다가는 학업 중단이 해마다 대물림돼서 중단율
은 꾸준히 증가할 수 있다. 이들도 우리와 같은 사회 인격체이면서,
교육받으며 인간답게 살아갈 권리가 있다. 그러므로 우리는 학업
중단 방지를 위한 다방면의 노력을 해야 한다.

먼저 학생 자신과 가정에서 할 수 있는 노력을 알아보았다. 학교
에 다니기 싫은 학생들은 복잡한 학교 제도만을 벗어나면, 돈도 쉽
게 벌면서 자유롭고 편안한 생활을 할 수 있을 것이라 생각한다.
그래서 학업 중단을 너무 성급하게 결정하게 된다. 이러한 학생들

은 일정한 기간이 지나면 재입학하는 경우가 많다. 따라서 순간의 충동으로 학교를 그만두겠다고 하지 말고, 신중하게 생각하고 부모와 상담하거나 앞으로의 진로 방향 등을 구체적으로 정리한 뒤에 결정할 수 있어야 한다.

실제로 저자가 고등학교 1학년 때, 학교를 그만두고 싶어 하는 학생이 있었는데, 진로 설정과 상담을 통해서 자신의 목표를 되찾으며 학교 다니기를 즐거워하고 출결이 우수해진 경우도 있었다.

가정도 중요한 역할을 한다. 가족마저도 자식에게 관심이 없다면 어떻게 될지 생각해 보자. 아마 그 학생은 항상 외로워하며 자신의 길을 잃고 방황할 것이다. 그래서 가정에서도 적극적으로 학생의 고민을 해결하며 도와줘야 한다.

그다음으로 학교 내에서는 무엇을 할 수 있을지 알아보았다. 학생에게 학업을 무조건 부추기기보다는 따뜻한 도움의 손길이 있어야 한다. 이를 위해서 우선적으로 학생 상담 지원 프로그램이 필요하다.

저자가 이 논문을 쓴 2012년도에는 모든 학교에 상담 선생님이 한 분씩은 꼭 계신다. 일부 학생들도 상담을 통해서 학교생활의 고민을 해결한 적이 있을 것이다. 이처럼 학교에서도 학생들과 소통하며 대화할 수 있는 전문 상담 지원 프로그램을 운영하여 학생들을 치유할 수 있도록 해야 한다.

다른 한편으로는 학교에 만족하고 학업에 집중할 수 있도록 하는 촉매제도 필요하다. '그린 마일리지 제도(상·벌점 제도)'의 벌점

카드만을 활용하기보다는, 칭찬 카드도 적극적으로 활용해서 학생에게 자존감도 키워 주고 학교생활이 즐거워질 수 있도록 해야 한다. 성적이 향상되었다거나 생활 태도가 좋아진 학생들에게는 포상이나 장학금 수여를 통해서도 긍정적인 결과를 기대할 수 있다.

학급 친구들끼리도 '러닝메이트Running Mate' 관계를 유지해야 한다. 일부 학생들은 결석이 잦은 학생들에게 '자퇴해라.' 등의 농담으로 이들의 학교생활을 더 어렵게 하고 있다. 이와 같은 부조리한 사회적인 인식들은 개선돼야 하고, 학교를 그만두었다고 무시하거나 짓밟는 행위를 하면 안 된다.

마지막으로 정부가 교육 정책으로 할 수 있는 노력을 알아보았다. 무엇보다도 학생이 학교 다니기를 즐거워하고 잘 적응할 수 있도록 유도하는 프로그램이 필요하다.

2012년부터 교육부에서는 '학업 중단 숙려제'를 계획·실시하고 있다. 2012년 당시 교육과학기술부의 〈학업 중단 숙려제 운영 계획〉 보고서에 따르면, 많은 학생들이 청소년기의 삶에 대해서 이해하지 못한 상태로 학업을 중단하는 경우가 많다고 하였다. 그래서 지역 교육청과 전문 상담 센터(WEE 센터) 선생님과 상담을 하여 성급한 학업 중단을 방지하도록 하는, 이 제도를 우선적으로 고등학생 대상으로 실시한다고 하였다. 만약 이러한 경우에도 학교를 그만둔다면, 지역 교육청에서는 해당 학생에게 진로 정보 및 취업 정보 등을 제공하여 평생 교육을 책임지도록 한다고 하였다.

그리고 앞서 분석한 바에 따르면 고등학교 1학년 때 학업 중단 학생이 가장 많았다. 그래서 이 시기에는 학업을 무조건 부추기기보다는 학교에 잘 적응할 수 있는 멘토링 제도가 보완되었으면 한다. 학생 자치 활동을 활성화해서 학교를 '우리가 만들고 배움으로 유익한 곳'이라는 이미지를 심어 주도록 노력해야 한다.

다문화 가정의 아이들, 복학생, 체육 특기생, 10대 아이돌 연예인 등에게도 기초 학력을 배울 수 있는 맞춤형 제도가 필요하다. 이를 위해서 대안 학교 개선과 지방 자치 단체에서의 학업 지원이 필요하다.

문래동
철공소 옆
미술관

예술이 마을과 사람을
변화시킬 수 있을까?

고양 백마고등학교 2학년 박은수

얼마 전 신문의 문화면을 스크랩하다가, 문래동이 예술의 중심지로 새롭게 부상하고 있다는 기사를 보게 되었다.[1] 당시 나는 학교 복도에 붙은 사회학회의 논문 공모를 보고, 어떤 '일상의 현실과 주변의 문제'에 대해서 쓸 것인가 글감을 고민하고 있던 때였기 때문에 이 기사가 눈에 띄었다. 그래서 작년에 가졌던 의문, "왜 미술가들이 문래동 철공소 단지로 들어가게 되었을까?" 그리고 "미술가들이 그 지역을 어떻게 변화시켰다는 것인가?"를 주제로 논문을 써 보기로 하였다.

사회학은 공동체 속에서 인간의 관계에 대한 다양한 현상을 분석 대상으로 삼는다. 그런데 사람의 관계는 집단이나 제도 속에서만 형성되는 것이 아니라 집, 마을, 도시와 같은 실제 사는 공간에서도 이루어진다. 그래서 문래동이 원래 어떤 지역이었고 예술이 들어가서 이곳이 어떻게 변화하였는지 살펴보는 것은 도시 공학이기에 앞서 사회학의 문제라고 생각했다.[2]

나는 다음과 같은 생각을 해 보았다. "예술은 한 개인의 삶을 풍부하게 하는 개인적 취향이기도 하지만, 지역이나 공간에 개입하면 사회적 변화를 일으키는 계기가 될 수 있다." 이러한 생각이 타당한지 알기 위해 먼저 문래에 철공 산업이 집적되는 과정을 정리한 논문을 찾아 읽었다. 그리고 문래동이 예술 창작촌으로 변해

---

1. '임대료 치솟은 홍대 앞 떠나… 젊은 작가들, 망원·문래동에 둥지' 〈조선일보〉, 2012년 7월 3일자.
2. 도시와 도시 공간의 재구성이 사회학의 문제가 된다는 것은 다음 책에서 알게 되었다. 앤서니 기든스, 《현대 사회학》(을유문화사, 2001), 17장, '도시와 도시 공간'.

가는 과정과 활동 사례를 모은 '예술과도시사회연구소'의 단행본을 살펴보았다. 무엇보다 중요한 것은 현장과 실제 사실이라는 생각 하에, 다시 한 번 문래동에 찾아가 동네를 조사하고 예술가와 철공소 사장과 얘기를 나누었다. 나는 이를 바탕으로 문래동 지역의 예술을 통한 도시 재생의 가능성에 대해 살펴보고자 한다.

문래동에 철재상들이 들어서기 시작한 것은 1960년대 초부터였다. 문래동은 서울의 도심에 있던 공장들이 도시 재개발로 이곳으로 이주해 오면서 철재상들이 모여들었고 소규모 금속 공장들이 집적된 현재의 모습으로 형성되었다. 조사에 따르면 1990년대까지 관련 업체는 900개가 넘었다.[3] 공업 중심의 영등포도 1990년대 말에 변화에 직면하게 되었다. 서울시 산업 구조 개편 등의 이유로 철공소들을 대상으로 수도권 외곽 지역 이전 정책이 실시되었고, 이에 따라 철공소 건물 2, 3층의 대부분이 비워지게 되었다. 가장 큰 변화는 가동이 중단된 '방림 방적'이 있던 자리에 대규모 고층 아파트인 자이아파트 단지가 조성된 것이었다.

서울에서도 가장 낙후된 산업 지대인 문래동에 미술가들이 하나 둘 모여들기 시작한 것은 바로 이러한 재개발 바람이 불던 2000년대 초반부터였다. 낡은 철공소들이 그대로 남아 있는 문래동은, 아파트 단지로 변한 주변의 양평동이나 당산동과는 달리 마치 도

---

3. 이정옥, 〈소규모 제조 기업 집적 지역의 형성 과정과 지역적 연계에 관한 연구-서울시 영등포구 문래동을 사례로〉(서울대학교 대학원 지리학과 석사 논문, 1996), p.16.

시 가운데 시간이 거꾸로 흐른 섬처럼 남아 있었다.

그러나 아이러니하게도 1990년대 후반 문래동의 낮은 임대료와 상대적으로 자유스러운 분위기는 예술가들에게는 매력적이었다. 특히 절삭기를 돌리고 주물을 하는 철제 공장은, 넓은 작업장이 필요하고 주변을 어지럽히며 작업을 해야 하는 미술가들에게는 오히려 적합한 곳이었다. 그래서 전혀 어울릴 것 같지 않은 공장 노동자들과 미술가들이 문래동 주민으로 함께 살기 시작하였다.

사실 미술의 역사를 생각하면 제조와 예술은 원래 같은 행위였다. 과거 르네상스 이전까지 예술가들은 공방에 소속된 장인들이었다는 것은 잘 알려진 사실이다.[4] 영어의 Art에는 지금도 미술과 기술이라는 두 가지 뜻이 모두 담겨 있는 점을 생각하면 철공소와 예술 창작소는 본질적으로 같은 기능을 가진 장소라 해도 틀리지 않을 것이다. 더욱 재미있는 점은 실제 문래동에서 예술가들이 철공소 노동자와 함께하는 용접 배우기 워크숍 등을 통해 기술을 배운다는 것이다.

2007년 12월 12일 '문래 예술 공단Mulle Art Village'이라는 공식적인 공동체가 결성되었다. '문래동 예술 공단'이라는 창작촌의 이름도 자발적인 주민들의 반상회에서 나온 아이디어였다고 한다. 원래이 지역이 공장이 많은 공단이었으니 공단에 사는 예술가들의 커

---

4. 아놀드 하우저 지음, 백낙청, 반성완 옮김, 《문학과 예술의 사회사》

뮤니티를 예술 공단이라고 하자 했다는 것이다. 그러한 과정은 자발적이었고, 무엇보다 원래 지역의 성격을 그대로 수용하는 방식으로 이루어졌다.[5] 문래동에 예술가와 문화 공간이 들어오게 되는 과정은 다음과 같은 표로 정리할 수 있다.

문래 창작촌 형성 과정

~ 1979년 이전	국군 영화제작소
1979년 공장형 건물 신축	철재 상가 단지 조성, 80명의 업자들이 80개의 공간을 분양받음.
1980년대 중반	88올림픽을 앞두고 건축, 제조업 분야 철재 수요 급증으로 활황.
1990년대 후반	정부, 시흥 등지로 이주 조치. 그러나 일부만 이주하고 상당수는 남음.
2000년대 초반	예술가들의 유입 시작, 2008년 이후 예술 작업실의 이주 급증.
현재(2009년)	약 80개의 작업실, 200여 명의 예술가들이 활동 중, 170여 개의 철공소 영업 중.

《나의 아름다운 철공소》 p.26 인용

여기까지 조사를 마친 나는 2학년 1학기 기말고사가 끝나고 방학을 얼마 남겨 놓지 않은 7월 중순에 논문을 위해 직접 문래동 지역을 살펴보기로 했다. 출발점은 작년과 마찬가지로 문래역부터였다.

문래 전철역에서 나와 문래3가 골목에 들어서면 신흥상회가 보이는데 그곳이 탐사의 기점이 되었다. 신흥상회에서 음료수를 하나 사서 들고 천천히 골목길로 들어섰다.

---

5. 예술과도시사회연구소 저, 《나의 아름다운 철공소: 예술과 도시가 만나는 문래동 이야기》(이매진, 2011).

문래역에서 신흥상회 골목으로 들어가는 길 입구

　벽화 그리기는 가장 눈에 띄는 활동이다. '새한철강' 문에는 재미있는 벽화가 그려져 있다. 노동자가 묵묵하게 일하는 모습을 그래픽처럼 처리한 것인데, 새한철강 사장님의 일과를 그린 벽화라고 한다. 여덟 개의 문이 마치 8폭 병풍처럼 보였다.

　작년에 처음 문래동 전시에서 가장 흥미로운 작품을 제작하였던 박지원 작가는 이번에는 복길네 식당 위 건물 외벽에 벽화를 그려 놓았다. 크게 확대된 노란 꽃 사이로 문래동 철공소에 밥을 배달하는 식당 어머니들의 모습을 그린 벽화였다. 원색과 흑백으로 처리된 아주머니의 모습이 잘 조화를 이루고 있었다. 특히 과감하게 다리만을 보여 주는 구도는 활달한 느낌을 주었다. 이 벽화는 사통팔달 문래동 구석구석을 날마다 누비는 밥집 아주머니의 건강한 노동을 꽃처럼 아름다운 일이라고 찬사하는 것 같았다.

　조금 돌자 영리 전시 공간인 '솜씨'가 있었다. '솜씨'는 한쪽에서

벽화 〈밥집 아줌마〉(박지원 그림)

는 커피를 팔고 동시에 무명 작가들을 위한 전시 공간을 갖추고 있었다. 재미있는 것은 '솜씨'가 기술이 좋다는 의미가 아니라 목화 씨Cottonseed, 다시 말해 솜의 씨라는 의미였다. 이 이름은 문래동이라는 지명 때문에 만들어진 것이 분명하다.

문래동文來洞의 유래에는 두 가지 설이 있다. 하나는 고려 시대 문익점이 목화씨를 들여온 곳이라 하여 문래文來라고 했다는 것이고, 또 어떤 사람들은 목화를 잣는 물레의 이름이 변형되어서 문래가 된 것이라고도 한다.[6] 어쨌든 모두 문익점과 관련이 있는 이야기이다. 더군다나 문래동이 일제 시대 공업 단지로 조성될 때 주로 방적 산업이 발전하기도 하였으니 목화와 문래동은 떼려야 뗄 수 없는 관계인 것이 분명하다. 그러한 연유로 작명된 솜씨는 문래

---

6. 일제 시대에는 이곳에 방직 공장이 있다고 하여 사옥동絲屋洞이라 불렀는데, 1945년 광복 후에 주민들이 다시 문래동으로 불렀다고 한다. 영등포구청 홈페이지 동 명칭과 지명 유래에서 인용. http://old.ydp.go.kr/F/F020020000.asp

동 지역에 맞춰 '지역 특징적' 문화 공간이었다.

지속적 유지를 위한 노력

한편 일 년 전에 가 보았던 대안 예술 공간 '이포'는 작은 골목 길에 있다. 이곳 역시 '솜씨'처럼 대안 전시 공간이다. 'Alternative Space'라고 표기되는 대안 공간은 미술을 상업주의로부터 보호하 기 위해 마련된 비영리 전시장을 의미한다. 미술가들은 보통 사람 들의 상식에 도전하기 때문에 대중적으로 인기를 얻기 힘들다. 그 래서 상업적으로 빨리 성공하기 어렵고 역사적으로 많은 위대한 미술가들이 가난했다.

이러한 작가들을 위해 만들어진 것이 대안 공간이다. 작가들은 아이디어만 분명하면 큰돈을 들여 좋은 미술관을 빌리지 않더라 도 제공된 장소에서 전시를 할 수 있다. 만약 대안 공간과 같은 곳 이 없다면 연극이나 미술과 같은 전위적인 예술은 K-pop이나 영화와 같은 대중문화에 밀려서 그냥 사라져 버릴지도 모른다. 그런 점에서 대안 공간은 예술의 창작력을 보호하고 육성하는 중요한 문화 사업이라고 할 수 있다.

그렇게 보면 문래동은 서울의 '몽마르트르' 같다는 생각이 든다. 파리의 몽마르트르는 미술가들이 돈이 없을 때 모여 살았던 산 중턱의 달동네였다. 예술가들이 모여 창작촌을 이루어 한동안 파리를 세계 예술의 중심지로 만들었다. 피카소나 고흐 등이 이곳에서 작품을 제작하였다.

몽마르트르처럼 도시의 주변부가 예술가들에 의해 예술의 거리로 바뀐 대표적인 경우는 뉴욕의 소호Soho를 들 수 있다. Soho는 뉴욕 맨해튼의 남부 지역 휴스턴 가 아래의 지역이라는 의미South of Houston로서, 이곳은 집값도 싸고 허름해서 1950~60년대 가난한 미술가들과 문화인들이 하나 둘 거주하였다. 그리고 이들 작품들의 가치를 보고 화상들이 몰려들었고, 이후 뉴욕 소호는 세계 미술의 중심지가 되었다.[7]

현재 몽마르트르나 소호는 치솟는 임대료로 이미 미술가들이 모두 이주하여 과거와 같은 예술의 중심지는 아니라고 한다. 그렇다면 문래동 예술 창작촌은 20세기 초기 파리의 몽마르트르나 전후 뉴욕의 소호와 같은 길을 가게 될까? 아마도 이곳을 상업화로부터 어떻게 보호하느냐에 달린 것 같다.

---

7. 정윤아, 《미술 시장의 유혹, 미술 시장으로 본 현대 미술》(아트북스, 2007), p.78-80.

문래동의 경우는 그러한 우려를 하지 않아도 될 것 같다. 일단, 지역 주민들은 건물을 복합적으로 활용하고 생활 공간이 유기적으로 연결되어 있다. 예를 들면 낮에는 철공소에서 일을 하고, 밤이면 예술가들의 공간은 버려진 2층이나 지하, 혹은 마을의 공터를 이용하는 방식이다. 공장 사이에는 천막 구조물이나 공터가 있는데, 이러한 버려진 곳은 입체적인 작업 공간이 필요한 미술가들에게는 무척이나 요긴하다는 것이다. 또한 거주자들이 드물어 철공소들이 문을 닫는 밤이면 썰렁한 거리는 공연자들이나 춤, 굿과 같은 다양한 거리 공연에 의해 채워진다고 하였다.[8]

이러한 이질적인 사람들이 하나의 공간에서 유기적으로 연결되는 것은, 현대 도시 공간에서 매우 희귀한 경우에 속한다. 그래서 많은 사람들은 문래동이 예술을 통해 도시를 재생하고, 다양한 계층이 모여 사는 개방된 도시에 대한 좋은 모델이 될 수 있다는 기대를 걸고 있는 것 같다.[9]

철재 상가와 예술 제작소의 공존이라는 특이한 만남은 서울시가 추진하는 '컬쳐노믹스'라는 경제학적 도시 재생과는 다른 도시 재생을 실현할 수 있게 한다. 즉 문래동의 자생적인 예술 활동은

---

8. 김연진, 〈예술 창작촌의 장소 형성 연구—서울시 영등포구 문래동 사례〉(서울대학교 협동과정 조경학과 박사논문, 2010), p.97~110.
9. 2008년 '도시사회연구소'가 문을 열고, 문래동 지역의 도시 생태적인 환경을 조사하기 시작하였다. 그리고 '삶과 예술의 실험실'로서 문래동의 사례를 관찰하고, 때로는 심포지엄을 열어 의견을 제시하기도 하였다. 그 결과로 〈도시 재생의 대안적 미래: 문래예술공단 연구〉라는 연구서를 2010년에 출간하기도 하였다. 예술과도시사회연구소 저, 〈도시 재생의 대안적 미래: 문래예술공단 연구〉, 결론 및 제언, p.140~147.

더욱 역동적이고 자유로운 기획을 가능하게 할 것이고, 이는 지속 가능한 생명력을 부여할 것이다.

또한, 문래 예술 공단은 철공소 노동자들뿐 아니라 영등포구청, 연구자, 해외 외부 매개자들과 긴밀한 네트워크를 가지고 있다. 문래 예술 공단은 지역적 특징과 예술을 결합하여 많은 전시, 포럼, 퍼포먼스 등을 주최하고 있으며, 이러한 행사들을 통해 국내외 예술가들의 방문과 교류가 꾸준히 증가하고 있다. 실제로 최근 몇 년 사이 문래 예술 공단이 언론에 알려지면서 외부의 관심이 확대되고 있다. 뉴스나 블로그에 많이 보도되고, 서울의 관광 명소로 알려질 정도라고 한다. 타 기관에서 초청한 외국 손님들이 서울을 방문하면 개인 일정을 통해 문래 예술 공단을 방문하기도 한다.[10]

문래동을 방문하는 사람들 중에는 사진작가들이 많다고 한다. 사진작가들은 매력적인 피사체를 따라 모여들게 마련이다. 사실 문래동에 옛 작업소가 늘어서 있고 작은 밥집이 있는 풍경은 현대 사회나 소비 사회 이전의 전근대적인 모습이다. 그런데 왜 이런 낡은 풍경이 인기를 끄는 것일까?

최근에는 사람들이 과거 비약적인 발전이나 건설을 통해 얻어진 획일적인 풍경에 회의를 품으면서 오히려 손때 묻거나 낡은 것을 귀하게 여기는 경향이 많은 것 같다. 흔적을 남기지 않은 채 밀어 버리고 그 위에 다시 세우는 것이 미덕이었던 개발의 시대가 지나

---

10. 예술과도시사회연구소 저, 〈도시 재생의 대안적 미래-문래예술공단 연구〉, p.71.

가자 철공소와 미술관이라는 이질적인 공간이 나란히 있는 문래동의 독특한 풍경이 그 자체로 매력 있는 볼거리가 된 것이다.

LAB39 해외 작가 교류 현황(2007~2010년)

연도	전시, 포럼, 퍼포먼스	교류 작가	
		이름	국적
2009	도시 공간 리서치 워크숍	레아 로베트	영국
	월례 포럼 〈독일의 아우토노멘 등 자율 운동〉	조지 카치아피카스	미국
	〈다큐멘타리 아마추어의 반란〉 상영 및 〈가난뱅이의 역습〉의 저자 '마츠모토 하지메'와의 대화	마츠모토 하지메	일본
	테오도르 디 히코 강연 및 퍼포먼스 〈과거·현재·미래 퍼포먼스 예술은 무엇인가?〉	테오도르 디 히코	미국
	논그라타 퍼포먼스 및 전시	논그라타	에스토니아
	made from city	이치무라 미시코	
2008	[Performance #1] VIVA! Asialization	아라이 신이치	일본
		앤지 서 양 펑	싱가폴
	〈철로 만든 정원〉 안나 마노 설치전	안나 마노	프랑스
		잉베르 마치아스	프랑스
	〈신도 없고 주인도 없다〉 실비아 미니 사진전	실비아 미니	프랑스
2007	소비의 탑(Pagoda of Consumtion)	장 미셸 후비오	프랑스
	NO PROPAGANDA	SP38	독일
	squat 국제 포럼	장 미셸, 알렉 레온하르트, 오가와 쿄헤이	프랑스, 미국, 일본

승철이는
과연
'타자'인가?

탈북 청소년
복지에 대한 시론

성남 이우고등학교 3학년 전미영

장면 1. 내 친구 승하의 이야기

승하(가명)는 함경북도에 있는 시골 마을에서 왔다. 마을 뒤에 있는 산에는 변변한 풀들이 없었다. 사람들이 먹기 위해 모두 뜯어 갔기 때문이다. 학교에는 거의 안 나갔는데, 그나마 갈 때마다 선생님은 농사일을 시키거나 집에서 무엇을 가져오라고 하셨다. 그래서 승하는 그저 농사하고 산을 오르며 살았다.

아버지는 너무 배가 고파 중국으로 가서서 음식을 가져오시곤 했지만, 아버지가 잘못될까 걱정하신 어머니와 항상 싸웠다. 아버지처럼 음식을 찾아 중국으로 갔던 동생은 몇 달 뒤 다시 돌아왔고, 승하는 그런 동생이 부러웠다.

그리고 어느 날 승하네 가족은 북한을 떠날 것을 결심한다. 한 가족처럼 지내던 이웃들에게는 한마디 말도 못 한 채 그렇게 떠났다. 중국을 지나, 만주 벌판을 건너 그렇게 2년의 떠돌이 생활 끝에 기독교 단체를 만났다. 국경을 지날 때 아버지는 이미 공안에 잡히어 인민재판으로 넘어간 뒤였다. 승하는 2009년 인천 공항에 도착했다.

들어가며

해마다 2천 명이 넘는 탈북자들이 한국으로 입국한다. 지난 20년 동안 그 수는 2만 명이 훌쩍 넘었다. 약 70% 정도가 여성이고, 30대가 가장 많으며 북한에서의 직업이 노동자이거나 없는 경우가 대부분이라고 한다.[1] 그들은 예기치 않게 혼자, 혹은 사전 계획을 세워 가족과 함께 국경을 넘는다.

가장 보편적인 경로는 중국과 맞닿아 있는 국경선을 지나 러시아나 동남아시아, 몽골 등을 통해 남한으로 입국하는 것이다. 중국은 원칙적으로 공안 경찰들에 의해 잡힌 탈북자들을 북한으로 호송하지만, 대사관과 접촉한 탈북자들에 대해서는 더 이상의 조치를 취하지 않는다. 그렇게 남한에 간신히 입국한 탈북자들은 심각한 정신적 충격과 한국 사회에 대한 무지를 안고 하나원에 입소한다.[2]

객관적인 자료들과 예산 규모를 볼 때에, 북한 이탈 주민들에 대한 한국의 사회 복지 정책은 호의적이다. 북한 이탈 주민들을 위한 정착 지원은 크게 정부 기관과 민간 기관이 담당한다. 정부 기관인 국정원, 통일부, 국방부는 북한 사회에 대한 조사 업무를 맡고, 그중 통일부는 모든 탈북자들이 최소 12주 동안 입소해야 하는 하나원을 운영하며 거주지 배정 및 정착금 지원을 담당한다.

탈북자들 개인에게는 첫 입국 후 6개월 동안 경찰청에 소속된 신변 보호 담당관이 배정되고, 고용노동부는 각종 직업 훈련과 취업 관련 제도 도입을 통해 취업을 돕는다. 기초 생활 보장을 위한 지원은 보건복지부의 동사무소에 의해, 그리고 탈북자들을 위한

---

1. 북한이탈주민지원재단(남북하나재단), http://www.koreahana.or.kr.
2. 최현실, 〈탈북 여성들의 트라우마와 정착 지원 방향 연구〉(신진연구자 지원 사업), 2010년, 통일부.

지역 협의회와 현황의 직접적인 파악은 지방 자치 단체에 의해 운영된다. 민간 기관인 하나센터와 북한이탈주민후원회 등은 정부 주도의 사업들을 보조하고 보충하는 역할을 한다.[3]

일단 하나원을 마치고 주민등록증을 받으면 북한 이탈 주민들에게는 기초생활보장수급권자, 국가유공자들이 받는 1종 의료 지원과 함께 학비 면제, 임대 아파트를 위한 주거 지원금 1300만 원(1인 기준), 무상 취업 교육과 취업 장려금, 대학교 등록금 면제 등의 혜택이 주어진다.[4]

하지만 이러한 정부의 지원에 대한 수혜자들은 어떤 생각을 하며 한국 생활을 하고 있을까? 다음은 내 탈북자 친구와 나눈 대화를 글로 엮은 것이다.

장면 2

학교에서 지원해 주던 석식 보조금이 끊겼다. 다른 사람들은 다 이어트하려고 일부러 저녁을 굶는데 하며, 미숫가루로 버티려고 했지만 여간 힘들다. 담임 선생님께 알아봐 달라고 말씀드렸지만 몇 달 후에나 알 수 있다고 한다. 이런 말을 하기도 이제는 부끄럽고 지친다. 왜 나는 언제나 하류일까? 북한에서도, 중국에서도, 그리고 이 한국이란 곳에서도.

---

3. 〈사회복지사를위한북한이탈주민정착지원매뉴얼〉(2009. 1) 참조.
4. 최락인, 〈지역사회안착을위한새터민주거지원정책에관한연구〉. '북한 이탈 주민의 효율적 정착 지원 방안', 신아시아연구소, 2010, 신영수 외, 재인용.

이곳에 오기 전까지, 쌀 포대에 써져 있던 '대한민국'이란 글자가 어떤 농장 이름인 줄만 알았다. 자유와 민주주의는 그저 또 하나의 '세상을 살아가는 방법'일 뿐. 나는 그저 머리가 노래지는 배고픔을 피하고자 고향을 떠났다.

그런데 오늘 나는 그곳을 그리워하고 있다. 2년 전에는 말 그대로 '상상도 못 했던' 음식들을 먹으면서 이렇게 '깨끗한' 옷을 입고 '안 정적으로' 살고 있는데, 행복하지 않다. 아니면 이 새로운 행복을 아직 서투르게 받아들이는 걸까? 내가 그동안 느꼈던 행복들은 또 다른 종류의 행복이었나?

하나원에서 알게 된 브로커를 통해 고향의 소식을 들었다. 아버지는 수용소에 계시고, 한국 돈 삼백만 원만 있으면 풀려날 수 있을 거라 했다. 그 힘들었던 곳에서 나를 친딸처럼 봐주셨던 이웃 분들께 돈을 좀 부치려고 하는데, 누가 봐도 뻔한 '불법'이라 여간 불안한 게 아니다.

탈북자들 사이에서는 모두 알고 쉬쉬하지만 북한에 대한 이야기만 들으면 낯빛이 불편해지는 한국 사람들이 내 사정을 알고 어떻게 할까 그림이 그려진다. 그래도 내 마음을 가장 잘 알아주시는 담임 선생님께는 말씀을 드려 봤다. 선생님은 더 이상 북한과의 연결 고리를 만들지 말라고 하신다. 힘들어도, 모두 잊으라고 말이다. 참 맞는 말인데, 인간이 이렇게 이기적일 수 있구나 생각하면서 나를 누르는 죄책감을 앞으로 남은 시간 동안 어떻게 짊어지고 가야 할지……. 물질의 충족이 정신적인 것에 비하면 얼마나 아무것도 아니었는지. 사람들은 책을 통해 그런 말을 듣지만, 나는 경험을 통해 이미 깨달아 왔다.

어린 시절 아버지의 모습을 기억해 내려 해도 잘 그려지지 않는다. 사진이라도 한 장 가지고 있으면 좋을 텐데. 중국에 왔다 갔다 하신 후 어머니와 싸우시던 모습이 너무 선명해서, '아버지'라는 단어를 들었을 때 마음속에서 뜨겁게 우러나오는 애틋함은 없지만. 그래도 우리 아버지이다. 수용소에 계시면 이미 몸이 망가질 대로 망가졌을 텐데……. 내가 학교를 잠시 그만두고 알바를 해서 그 돈을 모을 수 있다 해도, 아버지는 망가진 몸으로 반역자가 되어 혼자 그 마을에서 어떻게 사실 수 있을까. 밤늦게 고민하다 잠들었다.

꿈에서 나는 다시 그 고향에 있었다. 헝클어진 머리에, 맨발에, 한 달도 넘게 세수를 안 한 얼굴로 밭에 나갔다. 배가 고프지도 않았고, 그저 하루 일과를 보내듯 놀라움도 없었다. 아침에 눈을 뜨니 교회에서 받은 달력이 보인다. 4평 남짓의 방에 채워진 책상과 책들과 간이 옷걸이. 또다시 한 주의 시작이다.

떠나오기 전 고향은 말 그대로 '악몽'이었지만, 지금은 그런 이상적인 모습만 마음속에 남아 있다. 사람의 생각이란 원래 그런 것일까. 나는 과거나 이상이 아니라 현실을 살아야 하는데. 현실을 살기에 세상은 너무 고독하고 어렵다.

차이를 인정하면서

정부와 시민 단체 차원의 지원 노력에도 불구하고 탈북자들에게 한국 생활은 고되다. 그들의 뇌에 각인된 북한식 통치 체제에서 오는 고정 관념, 그릇된 정보와 자본주의 사회에 대한 이해 부족, 언어/사고/생활 습관 등을 통해 느끼는 문화적 이질감은 단 기간에 변화할 수 없기 때문이다.[5]

삶을 향한 오랜 고생을 겪으면서 이기적으로 바뀐 인성, 남한 사람들을 보며 느끼는 열등의식, 제3국에 두고 온 가족에 대한 죄책감은 그들이 적극적으로 사회를 향해 나아가기보다는 스스로를 고립시키도록 한다. 이러한 탈북자들을 대부분의 한국인들이 상식적으로 이해하기 힘들어하는 것은 어쩌면 당연한 일일지도 모른다.

2009년 실시한 여론 조사에 따르면 60%의 응답자가 탈북자들에 대해 이질감이나 거부감을 느끼거나 무관심하다고 대답했다. 탈북자에 대한 정부의 태도도 적극적인 정착 지원보다는 우리나라 저소득층과의 형평성을 고려해야 한다는 의견이 두 배가량 많았다. 하지만 특별 지원을 하지 말아야 한다는 의견은 10%도 채 되지 않은 것으로 보아 우리 사회는 탈북자들에 대한 지원 자체를 문제 삼기보다는 그들이 과연 '특별 지원'을 받아야 하는가에 대한

---

5. 신영수 외, 〈북한 이탈 주민의 효율적 정착 지원 방안〉, 신아시아연구소, 2010, p.53.
6. 〈민주평통 제2차 국민 통일 여론 조사〉('09. 9. 8~9, 성인 남녀 1,000명 대상, 표본 오차 ± 3.1% 포인트(95% 신뢰 수준).

회의를 가지고 있는 것 같다.[6] 그만큼 탈북자들에 대한 이해가 깊지 않은 것이다.

대부분의 사람들이 '같은 언어를 사용하니 말은 잘 통하겠지'라고 생각하지만, 사실 탈북자들의 가장 큰 고통은 의사소통 문제이다. 영어 및 외래어, 남한에서 상용되는 전문 용어, 한자 등은 순수한 국어만을 써 왔던 탈북자들에게는 넘어야 할 또 하나의 산이다. 어린 학생들의 경우 이북적인 말씨 때문에 친구들 사이에서 웃음거리가 되기도 한다. 다른 사람들과 같은 외모에 기본적인 대화가 가능하니 언어 문제에 어려움을 겪는 탈북자들을 보고 사람들은 부족하다고 오인하기도 한다.

장면 3

오늘도 승하는 밤 11시까지 학교에 남았다. 야자 시간은 10시까지이지만, 주인집 할머니만 있는 좁은 아파트에 일찍 들어가고 싶은 생각은 별로 없다. 담임 선생님께서 챙겨 주신 중학생용 영어책을 붙들고는 있지만 머리에 안 들어오기는 마찬가지였다. 다른 친구들은 쉽게 쉽게 읽어 내는 교과서도 한 문장 한 문장 읽어 내다 보면 머리가 아프다. 대학 문제로 예민한 친구들의 대화는 언제나 내신이 어떤지, 어떤 수학 학원으로 옮겨야 할지와 같은 쪽으로 흘러가기 마련이다.

중학교에 다닐 때에는 여자 친구들의 끼리 문화가 힘들었지만, 지금은 열심히 해도 바닥을 기는 성적이 문제다. 북한에서 오면 대학은 쉽게 간다고 사람들은 말하지만, 대학에 가서도 얼마나 힘들지 승하는 막막하다. 지금 열심히 모의고사 문제를 풀고 공부를 해 두면 대학에서는 중간은 하겠지 하면서도 걱정이 앞선다.

엄마와 여동생은 부천에 살고 있다. 학교도 그만두고 일도 하지 않으면서 사는 동생, 몸이 아파 집과 병원을 전전하시는 엄마를 보면 마음이 무겁다. 다른 친구들처럼 가족과 오손도손 살고 싶은 마음이 굴뚝같지만, 승하는 가족들을 볼 때마다 답답하고 힘들다.

신경이 한껏 예민해진 엄마는 소소한 것 하나에도 화를 내고, 동생은 학교에 가라는 말만 들으면 승하를 무시해 버린다. 처음 다녔던 학교에서 어린 마음에 받은 상처가 아직도 남아 있어서일 거다. 많아 봤자 한 달에 한 번 집에 가면서 승하는 동생 입을 옷과 엄마 드릴 속옷을 사 간다. 한번은 마음을 먹고 외식도 해 봤다. 혼자 살면서 몸이 항상 긴장해서인지 집에만 가면 하루 종일 늦잠을 자고 텔레비전을 본다. 잔소리를 하는 주인집 할머니도, 두꺼운 수학 문제집도 없다. 그렇게 주말 밤을 보내고 승하는 서울 가는 버스를 탄다. 다른 친구들은 열심히 공부하고 있는데 나는 이게 뭐지라고 한숨을 쉬면서, 생기 없는 어두운 집을 벗어난다.

단 하나의 희망줄 : 교육이 절망의 경험이 되어서는 안 된다

교육과학기술부에 따르면 2009년 말 기준으로 한국에서 학교를 다니는 탈북 학생 중 약 77%가 일반 학교에 다니고 있다. 나머지 학생들은 한겨레중고등학교와 같은 탈북자 중심의 커리큘럼을 가지고 있는 대안 학교에 진학한다. 그 학교에 다니는 대부분의 학생들은 하루빨리 '정상적인' 한국 사람이 되고 싶어 다른 일반 학교를 더 선호하고, 전학을 준비한다.

하지만 한겨레중고등학교와 같은 대안 학교가 아니라 일반 학교에 다닌 많은 탈북 청소년들이 선생님이나 친구들의 이해 부족으로 마음의 상처를 입고 학업을 포기하거나 한겨레 학교로 되돌아간다. 선생님과 친구들이 표면적인 성적과 행동으로 자신을 판단하고 대하기 때문이다. 학업과 같은 성취에 대한 기대를 더 이상 받지 않아 탈북 청소년은 그만큼 노력과 성취의 경험 또한 적다.[7]

탈북자 연령별 분포에서는 20~30대가 60%이지만, 이 중 약 6%만이 대학에 진학한다. 하지만 2008년도의 탈북 대학생 자퇴·제적·휴학생이 진학자의 60%가 넘을 정도로 졸업률은 매우 낮다. 대부분이 경제적 문제, 기초 학력 부족, 대인 관계 지속의 어려움으로 학업을 포기하는 것이다.[8]

대다수의 탈북자들은 수년간의 교육 공백기를 가졌고, 치열한 입시 경쟁을 거친 남한의 청소년들과는 달리 새터민 특별 전형으

---

7. 교육과학기술부에 따르면 2009년 말 기준으로 대한민국에서 학업을 진행하고 있는 탈북 학생은 총 1478명으로, 그중 1143명(77.3%)이 일반 학교에 다니고 있고, 나머지 335명의 학생은 대안 교육 시설에서 교육을 받고 있다.
8. 2008년 우양재단 포럼 통계, 〈새터민 청소년의 바람직한 정체성 형성을 위한 민족간의 노력〉 (2008년 12월) 재인용.

로 들어왔기 때문에 수업에 대한 이해 자체가 힘든 것이 대부분이다. 탈북 학생의 비율이 높은 몇몇의 대학들은 재정적 지원과 함께 '맨토링'과 같은 프로그램을 실시하고 있지만 대부분이 탈북자들을 향한 '남한 사람들'의 일방적인 지원에 그치고 있고, 그조차 소수의 탈북자가 다니고 있는 학교에서는 찾아볼 수 없는 것이 현실이다.

노동을 할 수 있는 권리, '진짜' 한국인이 될 수 있는 권리

취업 문제는 어떤 사회에서든 가장 먼저 해결해야 할 쟁점이다. 스스로 일을 해서 가정을 꾸리는 것은 가장 기본적인 국민의 권리이자 의무이기 때문이다. 노동을 통한 자립이 불가능한 사람은 자신의 자존감을 지킬 수 없다. 그렇기 때문에 실업은 어느 사회에서건 중요시 다루어지는 문제이고, 실업과 관련된 사회적 지표들의 분석은 사회 과학 연구자들에게 많은 해석거리들을 제공한다.

한국 사회의 실업 문제는 탈북자들에게서 뚜렷이 나타난다. 2009년 기준 북한 이탈 주민의 실업률은 일반 국민 실업률보다 2.5배가 높았고, 취업자 가운데에서도 일용직이 58%, 정규직 비율이 20%가 채 못 되는 등 사실상 안정적인 취업이 이루어지지 않고 있

9. 북한인권정보센터 〈2009 북한 이탈 주민 경제 활동 동향 취업·실업·소득〉(2010. 3. 15) 재인용.

다.[9] 또한 정부에서 지원하는 직업 훈련 후의 취업률은 17% 안팎에 머문다. 직업 교육과 취업이 잘 연계되지 않음을 알 수 있는 부분이다.

이는 직업 교육이 몇 가지 직종에 편중되어 있거나 탈북자 개개인에 적합하지 않고, 교육에 대한 수혜자의 신뢰가 떨어지기 때문이다. 하나원에서 가장 처음 이루어지는 직업 교육에서 강사들은 단순히 '가르치는 것' 이상의 의미를 갖는다. 한국 사람들과의 첫 만남을 여는 강사들이 이해가 부족해 무심코 지나치게 되는 사소한 것들이 탈북자들에게는 한국 사회를 왜곡해 인식하거나 정부 주최 교육 자체를 믿지 못하게 되는 계기가 될 수 있는 것이다.

게다가 직업 교육은 피부 미용, 토목과 같은 단순 기술적인 분야들에 한정되어 있다. 물론 한국 사회에서 기본적으로 필요한 지식과 경험의 부재로 탈북자들이 일자리를 가질 수 있는 범위가 좁은 것은 사실이지만, 그 한계를 직업 교육은 개개인의 특성과 잠재성에 맞추어 교육을 제공할 의무 또한 있다.

한국에서의 구직과 관련된 한 가지 예로 전문성을 살리지 못하는 탈북자들을 들 수 있다. 북한에서 의사를 하던 사람은 남한에서 같은 직종에 종사하기 위해 한국 사람들과 똑같은 절차를 밟고 시험을 보아야 하는데, 이러한 체계는 탈북자들의 사회적 정착의 큰 걸림돌이 된다. 한 개인이 총 10년이 넘는 시간과 생계 비용을 감수해 가면서 의사 직업을 되찾기에 한국 사회는 충분한 사회적 안전망을 갖추지 못했고, 결국 벽지 붙이기와 같은 단 기간의 교육으로 돈을 벌 수 있는 직업을 찾을 수밖에 없다. 더욱이 북한 이탈 주민들은 창업을 하려는 의지가 강한데 이를 위한 체계적인 교육 부족으로 대부분 무리한 창업이 실패로 끝나 직업 교육이 정착을 더 어렵게 하는 부작용을 낳고 있다.

탈북자들을 위한 직업 교육은 하나원에서 6주만으로는 부족할 뿐만 아니라 애매하기까지 하다. 오히려 하나원은 본격적인 직업 교육을 시작하기 위해 자기 자신을 탐색하는 과정을 돕는 장소가 되어야 한다. 피부 미용 강사보다는 고등학교 진로 상담 선생님과 같은 분이 한 사람 한 사람의 이야기를 세심히 듣고 직업 선택의 답을 찾도록 도와줄 수 있어야 한다.

'사람'과 '관계'를 향한 복지를 꿈꾸며

영화 '무산일기'의 마지막 장면에서 북한 이탈 주민인 주인공 승철은 밤늦도록 시급 5천 원짜리 노래방 알바를 한다. 밤낮이 바뀌는 일이지만, 유흥업소 전단지를 붙이는 일에 비하면 이 정도는 천국이다. 정성들여 키우는 백구를 건물들 사이의 철창 안에 놓아두고, 급하게 떨어진 맥주를 사기 위해 편의점을 향했다. 그리고 돌아오는 길. 사람들이 웅성거리며 지나가고, 차들은 철창 앞을 비켜서 지나간다. 떨리는 마음으로 그곳을 향하는 승철, 피를 흘리며 죽어 있는 백구를 본다. 5분 동안 가만히 지켜본다. 그리고 다시 노래방을 향해 걸어간다. 그리고 관객들은 비로소 '한국 사회에 적응한' 새터민 한 명을 바라본다.

북한 이탈 주민들을 위한 사회적 지원 노력에 비해 실제로 그들이 겪는 어려움이 많은 이유 중 하나는 그러한 지원들이 '관계'에 우선하고 있지 않기 때문일 것이다. '풍요 속의 빈곤'이라는 표현이 낯설지 않은 한국 사회다. 수많은 단체에서 지원을 받으며 적지 않은 사람들을 만나지만, 실제로 대부분의 탈북자들은 진지한 고민을 나눌 수 있는 남한 친구가 없다. 오늘날 한국 사회에는 그들을 위한 '빈 공간'이 없기 때문이다.

공동체 문화가 붕괴되어 생긴 빈자리를 물질과 기술이 대신하고, 사람들의 일상은 많은 부분 노동과 자기 개발로 빼곡히 채워진다. 학교나 주거지와 같은 생활 공간은 개인의 경제적·사회적 지위에 따라 철저하게 구분되고 그 경계를 만드는 벽은 점차 높아져만 간다. 영화 '무산일기'는 이웃에 대한 '지나침'에 익숙하고 '무심함'을 자기 보호의 수단으로 받아들이는 우리 사회에 작지만 무게 있는 경종을 울렸다.

더 이상 이웃에게 환대와 보살핌의 책임을 기대할 수 없는 사회에서 탈북자와 같은 소수자의 기본적인 인권을 보호할 수 있는 마지노선은 잘 만들어진 제도와 정책이다. 한국은 절대적 빈곤을 극복할 만큼 큰 파이를 가진 나라다. 그 파이를 유지하고 더 크게 하는 것도 물론 의미 있는 일이겠지만, 그것을 어떻게 분배하고 가치 있게 활용할 것인지에 대해 시민들은 더 관심이 많다. 그런 의미에서 인간에 대해 탐구하는 인문학이 새로운 조명을 받고 정치인들이 '사람이 먼저다'나 '저녁이 있는 삶'과 같은 슬로건을 내세우는, 더 성숙해진 우리 사회의 복지 정책은 더욱 세심해져야 할 필요가 있다. 물질과 경제적 효율성 중심의 하드웨어적인 정책과 행정은 한국이 가진 힘과 능력에 걸맞지 않을 뿐 아니라 복지 대상자들의 자립에 가장 큰 영향을 끼치는 자존감 회복에도 도움이 되지 않는다.

글을 마치며

탈북자와 같은 사회적 소수자들을 대상화하고 물화하는, 다시 말해 '타자화'하는 왜곡된 시선은 다른 사람에 대해 공감할 수 있는 인권 감수성의 부재로 만들어진다. 청소년 시기 교육의 역할이 중요한 이유다. 한국의 공교육은 청소년들이 동질감으로부터 형성되는 '우리'라는 사회의 울타리를 경계하고, 다른 사람과의 차이를 인정하는 '소통'을 할 수 있게끔 설계되어야 한다. 서로 다른 모두가 함께하면 좋지만 반드시 하나가 될 필요는 없다는 원칙이 교육적 차원에서 명확하게 드러나야 할 필요가 있다. 그러기 위해서는 청소년들 역시 꽉 막힌 책상에서 벗어나 주변을 돌아보고 새로운 것을 경계하기보다는 궁금해할 수 있는 시간과 여유가 필요할 것이다.

고등학교 1학년 때 내 단짝이었던 탈북자 친구는 학교 화단에 있는 풀들의 이름과 용도를 줄줄 외고, 어떻게 요리하는지 설명해 주곤 했다. 어려운 환경에서도 꿋꿋하게 자신의 길을 걸어가는 그 친구의 존재는 나를 성장하게 하며 학교 밖 세상을 보여 주는 통로와 같았다. 그 친구 성적표에 박힌 형편없는 숫자나 일명 '임대주택'이라 불리는 주거지가 친구의 가치를 단 1%라도 대변할 수 있을까라는 의문이 든다. 사회 과학적 통계나 신문 기사들에서 친구는 한국 사회의 사회적 약자로서 '도움을 받아야 할' 대상이지만, 나는 단 한 번도 그 친구를 일방적으로 도운 적이 없다. 자장면을 몇 번 얻어먹었고, 친구의 방에 초대받아 같이 숙제를 했던 경험만 있을 뿐이다. 친구가 그토록 지키고자 했던 자존심, 자립에 대한 의지를 깊이 이해할 수 있는 친구라면 누구나 나와 같을 것이다.

시민들의 '가장 소중한 가치'를 지켜 줄 수 있는 힘이 한국이라는 국가에게 '이제는' 있다고 믿는다. 가장 약하고 낯선 사람들을 위한 사회적 안전망을 갖춘 사회만이 나머지 시민들의 복지 또한 보장할 수 있다. 조금만 더 섬세히, 조심스럽게 사람들에게 다가가 보자.

2회 대회 금상

여러분들도
농인이
될 수 있습니다

용인한국외국어대학교부설고등학교
2학년 성재훈

길거리를 걷다가 목소리가 아니라 수화로 소통하는 사람들을 본 적이 있나요? 보통 여러분들은 그런 사람들을 청각 장애인이라고 이야기할 것입니다. 그렇다면 혹시 청각 장애인임에도 말로 소통하는 사람들을 본 적이 있나요? 그렇다면, 말을 하는 청각 장애인과 수화를 하는 청각 장애인들 사이에는 도대체 어떤 차이가 있는 것일까요?

여러분들이 단순하게 청각 장애인으로만 보았던 사람들 중에서도 다른 문화를 가지고 있는 사람들이 섞여 있다는 것을 알게 된다면 어떨 것 같나요? 특히 여러분 중 말을 하는 청각 장애인을 본 적이 없는 분들은 제 질문이 정말 생소하게만 들릴 것입니다. 지금부터 저와 함께 청각 장애인, 또 농아인은 누구인지 알아볼까요?

그 전에 제 소개를 잠깐 해 드리면서 이야기를 시작해 보고자 합니다. 저는 청각 장애 3급과 선천적 소이증을 같이 앓고 있는 '구화인'입니다. 여기서 선천적 소이증이라 함은 귓바퀴나 귓구멍 등 외이의 구조가 발달되지 않은 병을 의미합니다. '구화인'은 또 무슨 단어냐고요? 구화인은 청각 및 언어 장애인이지만 청력의 손실이 상대적으로 적어 보청기 등 의학의 도움과 함께 언어 치료를 받아 듣고 말할 수 있는 사람을 이야기합니다. 쉽게 이야기한다면 청각 장애가 있음에도 음성 언어를 사용하는 청각 장애인이라고 생각하시면 되겠습니다. 저는 유년 시절에 청각 장애 특수 학교인 삼성학교를 재학하고, 현재 비장애인 친구들과 함께 생활을 하고 있습니다. 삼성학교에 재학할 때 말과 수화를 배웠지만 초등학교 시절 일반 학교로 옮겨 온 뒤 얼마 전 졸업한 고등학교 역시도 비장애인 친구들과 함께 졸업을 하게 되었습니다. 영어와 제2외국어를 배우기도 하였고요!

하지만 청각 장애가 있는 저 역시 수화를 하는 청각 장애인을 이해는커녕 알지도 못했던 때가 있었습니다. 이 년 전, 잠시 악화된 보청기 이식 수술 부위 때문에 병원에서 진료를 받아야 했던 때였습니다.

단순히 환자를 치료하는 것이 아니라 환자들과 정말 소통하기를 좋아하셨던 저의 이비인후과 교수님께서 제 꿈이 무엇인지 물으셨습니다. 제 꿈은 의학 기술을 만드는 의생명공학자라고 당당하게 말씀드렸죠! 그러자 교수님께서 저와 같은 환자 또는 의학 기술의 수혜자를 만나는 봉사 활동을 하는 것이 제가 고등학교 때 할 수 있는 최고의 공부가 될 것이라고 조언해 주셨습니다.

그 조언을 들었을 당시에는 사실 먼저 회의적이기도 하였습니다. 의생명공학자가 되는 데 있어서 봉사 활동이 과학 공부보다는 중요하지 않게 보였기 때문이었죠. 그렇게 저는 한편으로는 회의적이면서도 '농아인' 친구들을 만나는 계기를 만들게 되었습니다. 네 바로 수화를 사용하는 친구들이요!

그 이후로, 저는 2012 서울 제7회 아시아태평양농아인경기대회에서 통역 봉사를 하게 되면서 지금까지도 시립서대문농아인복지관에서 저와 같은 장애를 가진 청각 및 언어 장애인들을 위해 봉사하고, 그분들과 꾸준히 소통하고 있습니다. 서울농학교에서도 많은 농아인 친구들이 공부하는 것을 돕고, 세계농인연맹 청년회 WFDYS가 주최한 캠프에 다녀오기도 하였습니다. 그렇게 되면서 저는 자연스럽게 농아인, 그 뒤에 숨어 있는 농 교육, 그리고 농 사회에 대하여 눈을 뜨기 시작하였습니다.

제가 이렇게 봉사 활동과 함께 국내 많은 농아인 단체의 활동에 참여하면서 느꼈던 것은 농아인을 병리학적으로만 바라보는 것은 한계가 있겠다는 것이었습니다. 한 예로, 저와 같은 잔존 청력을 가진 구화인들은 현재 발달된 보청기의 기술과 언어 치료의 효과로 상대방과 대화를 하는 데 있어 불편함이 점점 해소되고 있다고 말할 수 있겠으나, 농아인들은 아직까지도 언어적 차이로 인하여 일상생활에서의 대화는 물론 사회적인 활동의 큰 장벽을 넘는 데 어려움을 겪고 있다는 것입니다.

바로 이 점에서 저는 여러분께 한번 여쭤 보고 싶은 것이 있는데요. 이러한 농아인 분들을 위하여 저희가 할 수 있는 것은 무엇이 있을까요? 이러한 질문을 드렸을 때, 제가 뵈어 왔던 대부분 사람들은 지금의 기술을 뛰어넘는 최고의 보청기 기술을 만들면 되지 않겠느냐고 말했습니다. 물론 지금의 기술과는 비교도 안 될 만큼 훌륭한 보청기 기술이 나온다면 청각 장애인들이 비장애인 사회에 통합되어 잘 듣고 잘 말할 수 있을 것입니다. 하지만 과학 기술이 발전되는 데는 분명 그만큼의 시간이 필요할 뿐더러 이러한 관점의 기술은 '농 사회'의 입장에서 최고의 기술이 아닐 수 있다는 것을 알고 계시나요?

이제 농아인, 농아인의 의미를 다시 한 번 정의해 봅시다. 아까 위에서 읽어 보신 것과 같이 농아인은 '청각 장애인 중 소리를 거의 듣지 못하거나 완전히 듣지 못하여 수어를 대신 사용하는 청각 장애인'으로 정의됩니다. 하지만 농 사회의 입장에서는 이 정의가 너무 병리학적으로 치우쳐졌다고 보일 수 있습니다.

이렇듯 수화를 제1언어로 사용하는 사람들이 모인 농 사회에서는 농아인을 '청력의 정도와 상관없이 제1언어를 '수어'로 사용하거나 정체성에 있어 '농 정체성'을 가지고 살아가는 사람'이라고 생각하고 있습니다. 즉 농아인을 병리학적으로만 바라보는 것이 아니라 사회, 문화, 인류학적으로 또 다른 사회, 문화로 구분하는 것이 보이나요? 즉 이러한 개념에서 본다면 저는 구화인이었으나 어떠한 계기로 농 정체성을 가지고 농 문화와 농 사회에 편입된 농인이라고도 할 수 있는 것입니다. 그렇다면 수화가 제1언어로 사용되고 있는 농 사회에서 농인들은 청각 장애로 인한 어려움을 느낄 수 있을까요? 농 사회에 있는 농인들에게 가장 좋은 기술은 더 잘 들릴 수 있도록 해 주는 보청기 같은 기술이 될까요?

앞으로 소개해 드리는 사례들을 통하여 함께 생각해 봅시다.

첫 번째로, 2012년 4월에 대전 모 초등학교에 4학년으로 재학 중이었던 농 학생 A양과 B양이 3일 동안 등교를 거부한 일이 발생했습니다. 본인이 가진 장애로 비장애인 학생들과 같은 방법으로 수업을 하면 수업을 따라가지 못하는 것은 당연했기 때문에 보다 많은 학습권을 보장받기 위하여 재학하던 학교와 교육청에 전문 수화 통역사 배치를 요구했으나 거절당하여 등교를 거부했던 것이지요. 특히, 재학하던 학교는 수화 통역사 자격증 등 공식적으로 검증되지 않은 인력을 배치하여 오히려 당사자 A양과 B양의 학습권을 제대로 보장해 주지 못하고 마음의 상처만 안겨 줬던 안타까운 일이었습니다.

첫 번째 사례는 비장애인 사회에 통합된 농인들의 학습권 침해라고 할 수 있지만 이번 사례는 농 학교에서 발견된 사례입니다. 한국일보 정철환 기자의 기사에 나온 서울 A농학교에 다니는 이 모 군(17)의 이야기입니다. 이 학생은 농 학교를 다닌 지 10년이 되어 가지만 어려운 한자 단어가 나오는 문장이나 긴 문장을 잘 읽지 못하고 같은 문장을 여러 번 반복해 읽어도 뜻이 이해되지 않아 신문을 읽기가 힘들다고 합니다. 이뿐만 아니라 글쓰기도 '나는 학교 속에서 축구를 하여서 땀을 흘리면 식당에게 가면 콜라를 한 병가 주세요'라고 쓰는 것처럼, 조사나 어미의 활용을 잘하지 못한다고 말했습니다. 수학, 사회, 과학 등 과목들도 기본적으로

국어와 문장 실력이 동반되어야 습득을 할 수 있는 만큼, 또래 청소년들에게는 어렵지 않은 수학 문제도 풀기가 어렵다고 토로했습니다.

하지만 무엇보다도 제일 중요한 것은 따로 있습니다. 이 군이 개인적인 학습 능력이 부족한 것도 있다고 하지만, 농 학교 선생님들이 대부분 수화를 기본적인 것들만 구사할 수 있어서 이 군은 수업을 이해하는 데 고충이 크다고 답했습니다. 정말 놀라운 점은 2012년 기준 전국 15개 농 학교만을 봤을 때 교사 6%만이 수화 통역사 자격증을 가지고 있다는 것입니다.

농아인들은 자신들이 사회적 장벽을 넘지 못하는 이유가 바로 잘못된 농 교육에 있다고 이야기합니다. 한국농아인협회 변승일 회장에 따르면, 농아인들에게 수화가 모국어이지만, 농 학교 교사 대부분이 수화를 못 하는 것이 현실이라고 꼬집었습니다. 농아인 학생들을 위해 수업이 이루어져야 하는 농 학교에서도, 교사와 학생간의 의사소통 문제가 항상 두드러지는 상황에서 수업이 정상적으로 운영되지 않는 것은 예고된 일이며 당연한 일이라고 할 수 있겠지요. 농아인 중에서도 소리를 조금 더 잘 듣는 학생들이나 특출한 학생이 있습니다. 그런데 이들을 제외하면 대부분 농아인 학생들은 수업 내용을 따라가기 어려우며, 학습 의욕 저하뿐만 아니라 수업 시간을 무의미하게 보내는 것도 역시 당연한 일일 것이기 때문입니다. 이러한, 수업의 파행적 운행은 결국 농 학교와 농 교육에 대한 불신이 팽배해지는 현상을 가져오게 되었습니다. 농아인을 둔 학부모들은 그들의 자녀가 농 학교에 가는 것을 꺼리게 된다는 것이지요.

이뿐만 아니라 청각 장애인을 위한 전용 도서관은 전국에 단 한 곳도 없고 수화 영상 자료는 시각 장애인을 위한 점자 자료의 20분의 1 수준밖에 되지 않는 상황, 공공 기관에서 민원 상담을 받을 때 전문 수화 통역사가 배치되어 있지 않아 글로 적어 대화하는 필담에만 의존하는 상황, 그리고 한국 영화에는 자막 상영이 제공되지 않아 청각 장애인들의 여가 활동이 보장되지 못하는 상황은 농인들이 비장애인 사회에서 얼마나 큰 불편을 겪고 있는지 보여주는 사례가 될 것입니다. 위와 같은 농 학교 내 청각 장애인 학생들의 학습권 침해 사례와 함께 외부적으로 잘 드러나지 않는 청각 장애의 특성을 봤을 때, 청각 장애는 사회적으로도 모든 장애 중 가벼운 장애 쪽에 속한다고 생각하는 경향이 있습니다.

여러분들은 보이지 않는 불편함을 쉽게 체험해 볼 수 있겠지만 들리지 않는 불편함을 체험해 본 적은 많지 않다는 것을 생각해 보면 되겠습니다. 이러한 현상이 동시에 일어나는 상황에서, 청각 장애인들이 학교를 떠나 사회에 진출하게 되면, 더욱 높은 사회의 장벽과 마주치는 현상이 일어나게 되는 것이지요.

저는 그렇다면 비장애인 사회에서는 농인, 농 교육 그리고 농 사회에 대한 인식이 어느 정도까지 형성되어 있는지 궁금해지기 시작하였습니다. 그래서 고등학생 100명을 대상으로 설문 조사를 하게 되었습니다. 이 100명의 학생들 중 절반 이상이 농아인은 물론이거니와 구화인과 대화해 본 적이 없다고 답변했습니다(농아인 79%, 구화인 58%).

특히 제가 초점을 맞췄던 부분은 바로 다음 두 가지 질문입니다. 첫 번째 질문은 '국내의 모든 농아인 학생들의 학습권은 비장애인 학생과 비교했을 때, 어느 정도 보장되고 있다고 생각하십니까?'라는 질문이었고, 두 번째 질문은 '국내의 모든 농아인 학생들의 학습 성취도는 비장애인 학생과 비교했을 때, 어느 정도 보장되고 있다고 생각하십니까?'라는 질문이었습니다. 두 질문의 답변은 '0~20%', '20~40%', '40~60%', '60~80%', '80~100%'로 다섯 개의 답변으로 이루어져 있었습니다.

첫 번째 질문

국내의 모든 농아인 학생들의 학습권은 비장애인 학생과 비교했을 때, 어느 정도 보장되고 있다고 생각하십니까?

위 질문에 대답한 학생들 중 33%는 '0~20%'를, 41%는 '20~40%'를 선택해 주었습니다. '40~60%'를 선택해 준 학생들은 18%, '60%~'을 선택해 준 학생들은 나머지 7% 학생들이었습니다.

두 번째 질문

국내의 모든 농아인 학생들의 학습 성취도는 비장애인 학생과 비교했을 때, 어느 정도 보장되고 있다고 생각하십니까?

위 질문에 대답한 학생들 중 17%는 '0~20%'를, 41%는 '20~40%'를 선택해 주었습니다. 28%의 학생들이 '40~60%'를 선택해 주었고 나머지 14% 학생들은 '60%~'에 선택해 주었습니다.

사실 저는 여기에서 왜 비장애인 고등학생들이 농아인 학생들의 학습 성취도에 대한 질문을 받았을 때 학습권에 대한 질문보다 더 긍정적으로 대답하게 되었는지 고민하게 되었습니다. 위 자료는 농아인 학생들의 학습권이 40% 이상 보장되어 있다고 생각한 비장애인 고등학생들은 25%였던 반면에, 농아인 학생들의 학습 성취도가 40% 이상 이루어졌다고 생각한 비장애인 고등학생들은 42%였다고 보여 주고 있습니다.

이러한 측면에서 저는 아까 위에서 이야기해 드렸던 것처럼 청각 장애는 그 특성 때문에 겉으로 뚜렷하게 드러나지 않는 대표적인 장애이기 때문에 학습하는 데 있어 고충이 얼마나 큰지 가늠할 수 없어 나온 결과라고 추측해 보았습니다. 학습권에 대한 질문에서 더 많은 비장애인 학생들이 학습권 보장이 잘 안 되어 있다고 대답한 이유는 설문 대상 학생들이 청각 장애도 당연히 여러 장애 중 한 종류이며 비장애인들이 알고 있는 일반적인 장애인 교육과 연관하여 생각해서 답변하였기 때문이지 않을까 분석해 보았습니다.

특히 두 번째 질문은 서울시 서대문구에 위치한 시립서대문농아인복지관에서 농아인 복지를 위해 힘써 주고 있는 사회 복지사 선생님들을 대상으로도 진행했던 질문인데요. 이 두 번째 질문에서 '0~20%'에 답변해 주신 복지사 선생님이 22%, '20~40%'에 답변해 주신 선생님이 무려 66%인 것을 생각해 본다면 저의 분석이 조금 더 납득이 되지 않을까 생각해 봅니다.

이제 여러분들은 수화가 단순히 농아인들이 사용하는 제스처 같은 것이 아니라 그들이 소통하는 언어이자 또 그들의 문화, 사회와 인권을 뒷받침해 주는 중요한 요소라는 것이 이해가 되나요? 위의 질문에 답해 준 비장애인 고등학생들이 마지막으로 답변해 준 문항은 수화언어기본법의 주요 사항 중 우리 사회에서 이미 보장되고 있다고 생각하는 사항이 무엇인지에 대한 문항이었습니다.

그중 가장 많이 뽑힌 문항은 '특수교육학과 교육 과정 내 수화 과목 의무 편성'이었는데요. 대부분 사람들이 생각하는 것과 다르게 수화 과목은 대학교 특수교육학과 교육 과정 내에서 필수 과목이 아닐 뿐더러 농 학교에서 농아인 학생들을 가르치는 교사가 되기 위해서 수화를 의무적으로 할 수 있어야 한다는 제약이 없는 상황입니다. 실제로 농 학교 교사 채용 과정은 다른 특수학교 교사 채용과 동일한 과정에 포함되어 있어 다른 특수학교에 재직할 자격이 있는 사람은 농 학교에도 어렵지 않게 재직할 수 있다는 것이지요. 물론 다행인 점은 학생들을 가르치기 위하여 수화를 적극적으로 배우는 농 학교 선생님들이 정말 많이 증가하고 있는 것이라고 합니다.

두 번째로 많이 뽑힌 문항은 바로 '수화가 국어와 동등한 자격임을 법적으로 인정하고 있다'였습니다. 위에서 잠깐 언급이 되었던 수화언어기본법은 바로 이 문항을 현실화하기 위하여 추진되고 있는 법안입니다. 2012년 5월 수화언어공대위가 결성되어 농 학교 특수교사 수화 통역 자격증 취득 의무화, 농 학생의 학습권 보장을 위한 자막 및 수화 통역 제공, 통합 학교 청각 장애 학생 수업권 보장 등 농 교육의 질적 향상을 위하여 노력하고 있습니다. 특히, 2012년에 있었던 여러 선거 후보들에게 농 교육 개선과 수화언어기본법 채택을 공약으로 내세워 줄 것을 요구하기도 하였지요. 실제로 안철수 국회의원이 제18대 대통령선거 출마 기자 회견 당시 수화 통역사를 배치하여 큰 주목을 받기도 하였습니다.

물론 수화언어공대위의 수화언어기본법 추진을 위한 노력도 중요하겠지만 무엇보다도 이 글을 읽고 계신 독자 여러분뿐만 아니라 많은 사람들의 관심이 더욱 필요한 지금입니다. 수화를 하는 농인들을 단순히 장애인으로 바라보는 것이 아니라 문화적 상대주의 개념으로 다른 언어를 사용하는 소수 민족처럼 바라볼 수 있다는 인식 말이지요. 실제로 이러한 인식은 저에게 많은 영향을 주었습니다. 저는 불과 몇 년 전 더 좋은 보청기 기술을 개발하는 의생명공학자를 꿈꿔 왔지만 제가 농 사회를 만나고 나서 더욱 많은 꿈들을 꿀 수 있게 되었습니다. 물론 의학 기술을 개발하는 의생명공학자라는 꿈은 여전히 가지고 있을 뿐만 아니라 'Future Lions' 대회에 제출하였던 아이디어 중 하나인 'Google Gesture'(손과 팔의 근육 운동을 분석하여 수화를 음성 언어로 번역해 농인과 비장애인 사이의 소통을 돕는 제품)를 실현시키는 의생명공학자, 농아인 학생들을 위하여 수화로 진행되는 인터넷 교과서, 그리고 수화의 문법을 더 체계적으로 분석해 보는 컴퓨터 공학자까지 많은 꿈들을 가질 수 있게 되었습니다. 미국 최고의 학부 중심 명문 대학 '애머스트 대학Amherst College' 물리학 교수 카난 재거나산Kannan Jagannathan이 왜 과학의 발전에 있어서 세계가 움직이는 것을 바라보는 통찰력이 가장 필요하다고 했는지, 왜 3년 전 저의 이비인후과 교수님이 봉사 활동을 꼭 하라고 말씀해 주셨는지 알게 되었습니다.

물론 이러한 노력을 하기 위해서는 비장애인만 노력을 해서는 안 될 것입니다. 결국 농 사회도 문화적 상대주의의 개념에서 출발한 것이기 때문에 농인들은 자신의 언어와 문화를 알리려고만 노력하다가 비장애인 사회와 비장애인의 음성 언어를 경시하는 태도를 취해서는 결코 안 될 것입니다. 즉, 농인과 청인이 서로의 언어와 문화를 인정하고 같이 화합해야 한다는 것이지요. 그리고 곧 이런 화합이 이루어지는 날에는 위에서 살펴봤던 안타까운 사례들은 이미 없어진 때가 아닐까 생각해 봅니다.

여러분들도 농인이 될 수 있습니다. 비장애인 사회에서 음성 언어를 통하여 듣는 어려움 없이 생활하고 있을지라도 오늘 저와 함께 농 사회를 살펴본 것만으로, 또 어려분이 언젠가 수화를 배우면서 농인을 더욱 이해하게 되는 것만으로 여러분들은 농인이 될 수 있다는 말씀과 함께 이 글을 마쳐 보려고 합니다. 감사합니다.

'캥거루족' 현상의 원인과 해결 방안

서울 대진여자고등학교 2학년 송지윤

문제 제기

천명관의 소설 〈고령화 가족〉을 보면 가족 나이가 평균 49세인 가족이 등장한다. 이런저런 이유로 해서 혼자인 형제와 이혼한 여동생이 노모의 집에 들어와 함께 살게 되면서 형성된 가족이다. 이런 이야기 속 가족이 옛날 같으면 비현실적으로 여겨졌을지 모르겠지만 오늘날 캥거루족이 대거 출현하게 된 현실을 고려해 본다면 우리 주변에서 얼마든지 일어날 수 있는 일이다.

'캥거루족'! 조금 길지만 네이버 백과사전에서 설명한 글을 그대로 옮겨와 보자.

대학을 졸업해 취직할 나이가 되었는데도 취직을 하지 않고 부모에게 얹혀살거나, 취직을 했다고 하더라도 경제적으로 독립하지 못하고 부모에게 의존하는 젊은 세대를 말한다.

… 〈중략〉 … 캥거루족은 한국뿐 아니라 세계 각국에서도 다양한 형태로 나타나고 있다. 미국에서는 이도 저도 아닌, 중간에 낀 세대(betwixt and between)라 하여 트윅스터(twixter)로 부르는데, 대학 졸업 후에도 경제적으로 독립하지 못해 결혼도 미룬 채 부모 집에 얹혀사는 세대를 가리킨다.

프랑스에서는 독립할 나이가 된 아들을 집에서 내보내려는 부모와 아들 사이의 갈등을 코믹하게 그린 2001년 영화 〈탕기(Tanguy)〉의 제목을 그대로 따서 탕기로 부른다. 또 이탈리아에서는 어머니가 해 주는 음식에 집착하는 사람을 일컫는 맘모네(mammone), 영국에서는 부모의 퇴직 연금을 축내는 키퍼스(kippers), 캐나다에서는 직장 없이 이리저리 떠돌다 집으로 돌아와 생활하는 부메랑 키즈(boomerang kids)라고 한다.

놀랍게도 우리나라에서 캥거루족으로 불리는 그런 유형의 사람들이 소위 말하는 선진 국가에서는 이미 일반적인 현상이 되고 있고 명칭도 다양하게 불리고 있다. 아직 통일된 용어가 없을 뿐 '캥거루족' 현상은 이미 일반적이고 세계적인 현상으로 나타나고 있다는 말이 될 것이다.

그런데 캥거루족과 관련해서 여러 종류의 글을 살펴보면 공통적으로 철없는 젊은이들의 모습으로 치부하고 있다는 것이다. 게다가 이런 '철없는' 캥거루족에 대응해서 헬리콥터족(부모)도 있다. 헬리콥터처럼 자식의 주위를 뱅뱅 도는 부모를 일컫는 말이다.

그런데 이러한 용어들 속에는 이미 이런 류의 사람들에 대한 비난이나 부정적인 인식이 깔려 있고 다분히 그런 개인들에 대한 비판적인 의도를 포함하고 있는 것으로 보인다.

하지만 이런 비판에 의문을 던져 보지 않을 수 없다.

일반적으로 서양이라고 하면 자녀가 성인이 되자마자 부모로부터 독립해서 부모에게 의지하지 않고 독립적으로 살아가는 것이 당연시 되는 그런 것이었다. 그래서 부모 역시 그런 자식들에 대해 우리나라 부모에 비해 간섭하지 않으며 자식들의 의사를 존중하는 것으로 알고 있다. 그런데 사전에서 언급한 바를 참고해 보면 부모에 의존하는 젊은 세대들의 이야기는 한국만의 현실이 아니라는 점을 말해 주고 있다. 왜 이런 현상이 보편적인 추세로 자리 잡고 있는 것일까? 이것이 과연 그처럼 의존적이고 철없고 생각 없는 젊은이 개인적인 잘못으로 설명될 수 있는 현상인가?

이 점과 관련하여 이런 형태의 부류들이 대거 등장하게 된 시점과 사회적 배경에 대해 따져 보지 않을 수 없다고 생각한다.

캥거루족 형성 원인과 해결 방안 모색

캥거루족 발생 원인과 등장 배경

일반적으로 캥거루족의 발생 원인과 관련하여 가장 많이 언급되는 것은 고용 불안의 취업 구조로 인한 실업자의 증가이다. 물론 틀린 말이 아니다. 그런데 이런 고용 불안이 생기고 실업률이 높아진 것의 근본적인 원인을 찾지 않는다는 것이 문제라고 본다. 왜냐하면 현상적으로 봤을 때 실업률이 높아진 데에는 더 근본적이고 구조적인 문제, 즉 세계 경제 패러다임의 변화와 무관하지 않다고 생각하기 때문이다. 1980년대를 넘어서면서 등장한 신자유주의는 복지보다는 시장과 효율성을 중시하게 됨에 따라 경쟁을 촉진하고 이에 따라 각 기업들은 이윤의 극대화를 추구하게 되면서 기업들의 글로벌화가 본격적으로 추진되었다.

특히 신자유주의 경제 정책의 대표격인 '노동의 유연화'는 "장기 고용, 직업 훈련에 대한 관심, 상호 협조적인 노사 관계, 기업 경영에 대한 일정한 참여와 책임 의식의 고양과 같은"(이상 조원희, '신자유주의, 발전일까 재앙일까', 《세상 청바지》) 정책은 도외시하게 되고 노동자들을 고용 불안으로 몰아넣게 된다. 비정규직이 늘어나고 언제 어떻게 잘릴지 모르는 불안 속에서 살아야 한다는 것은 결국 새롭게 사회에 진출해서 일자리를 찾으려는 젊은 세대에게 암울한 전망을 심어 주고 회사에 대한 충성심이나 애사심을 갖기 힘들게 만든다. 쉽게 관두고 쉽게 이직하는 현상이 반복될 수밖에 없는 현실이 전개되는 것이다.

게다가 점차 자본 간에 경쟁이 치열해짐에 따라 노동 가격이 상승하기 때문에 기업들은 노동자 고용보다는 공장 자동화나 정보 기술을 선택하게 된다. 그래서 이른바 고용 없는 성장이 등장하게 된 것이고 고용이 늘어나지 않는 상황에서 신규로 고용 시장에 등장하게 되는 젊은 세대는 곧바로 실업자로 직행하게 되는 현상이 벌어지고 있다. '이태백(이십대 태반이 백수)'이라는 자조 섞인 말도 이와 관련이 깊다고 할 수 있을 것이다.

두 번째로 들 수 있는 원인으로는 정보화와 이에 따른 산업의 고도화를 들 수 있다. 《20대=독립은 끝났다》(리처드 세터스텐·바버라 E. 레이 저, 이경남 역, 에코의서재)에 의하면 오늘날 사회가 고도화되고 더욱 창조적이고 전문적인 직업을 얻기 위해서 젊은이들은 더 많이 자신에게 투자를 할 수밖에 없다면서 과거와 같이 부모에 의존하지 않고 자신이 벌어서, 혹은 학자금 융자를 통해 대학을 다니는 식으로는 경쟁에서 살아남을 수 없음을 지적하고 있다.

이제 사회가 필요로 하는 인력은 더욱 전문적인 지식으로 무장하고 창조적인 지식과 생각을 갖춘 인재이다. 따라서 사회가 요구하는 인재가 되기 위해서는 자신에 대한 투자를 아끼지 않아야 한다. 요즘 유행하는 '스펙'이라는 말도 이러한 사회적 현실을 반영하는 말일 것이다. 학교 공부와 스펙 따기에도 벅찬 젊은이들이 남보다 한발 앞서기 위해 기울여야 하는 노력과 경제적 투자는 결코 만만치 않다. 따라서 우리나라에서 대학은 4년이 아니라 5년 혹은 6년을 다니는 것이 당연한 일인 것처럼 여겨지고, 남보다 더 높은 학벌을 갖추기 위해 대학원에까지 진학하는 경우 그들의 사회적 진출은 더 늦어지게 되어 젊은이들이 과거에 비해 훨씬 긴 시간을 부모에게 의존하도록 하고 있다.

신자유주의의 등장이 캥거루족을 낳게 한 근본 원인이 되고 있다는 점은 《20대=독립은 끝났다》에서 잘 보여 준다. "1980년대에 접어들면서 광산은 폐쇄되었고, 디트로이트 공장은 규모를 줄였으며, 비숙련 직종은 임금이 더 싼 해외에 공장을 지어 옮겼다. 미국에 남은 보수가 좋은 일자리는 하나같이 숙련도가 높고, 공급이 부족한 탓에 경쟁이 더 치열해져 그런 요건에 부합하는 능력을 갖추려면 더 많은 지식과 기능이 필요해 성인기가 길어지게 됐고" 자연히 캥거루족이 늘어날 수밖에 없다는 것이다. 물론 이 저자는 반드시 캥거루족이 된다는 것을 부정적으로만 본 것은 아니지만 자본주의가 신자유주의로 성격이 변화한 것이 캥거루족의 등장과 무관치 않다는 점은 잘 보여 준다.

이런 이유 말고도 캥거루족의 등장 배경으로 부모의 부를 어렸을 때부터 누려 온 결과 부모로부터 독립하기보다는 부모와 함께 있음으로써 그대로 부모 경제력의 혜택을 보려고 하게 되었다거나 부모의 양육 태도가 자식들의 독립심을 결여하게 하고 입시 위주의 교육, 과잉보호 등이 캥거루족이라는 새로운 인간형을 낳았다는(《캥거루족, 그들은 누구인가》, 리포트 월드, 2010.) 지적도 있으며 다른 한편으로는 부모 덕분에 높아진 눈높이 때문이 어렵게 얻은 직장을 쉽사리 포기해 버리거나 불만족스러워하는 등의 이유로 부모에게 기대기도 한다는 점을 들 수 있다.

한편 달라진 결혼 풍속과 사회 현실도 캥거루족을 낳는 원인이 된다.

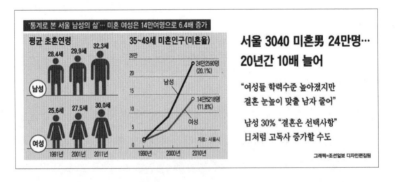

위 그래프는 서울을 기준으로 하여 미혼 인구수의 증가 추세를 보여 주고 있는데 초혼 연령도 높아졌지만 그보다 눈에 띄는 것은

35~49세 중년 인구의 미혼율이다. 놀랍게도 남성의 20%가 넘는 인구가 미혼이라는 점인데 여러 가지 이유가 있겠지만 결혼을 필수적인 것으로 여기지 않는 의식의 변화도 있지만 무엇보다도 결혼을 하기 위해 지불해야 하는 경제적인 비용-주택 마련 등-이 힘든 현실을 반영하는 것으로 보인다. 특히 여성의 경우는 고학력자 미혼이 많지만 남성의 경우 절반 이상이 고졸 학력이라는 점에서 그들이 경제적 이유에서나 고학력자(대졸자) 미혼 여성이 많은 현실을 고려해 볼 때 현실적으로 미혼 남녀간의 결혼이 성사되기 힘들 것이라는 점은 쉽게 생각해 볼 수 있다.

캥거루족 등장의 문제점

캥거루족이 등장하게 됨에 따라 발생되는 문제점들을 개인적 차원과 사회적인 차원으로 나누어 살펴보면 다음과 같다.

(1) 개인적 차원의 문제점

일본의 경우 35~44세 인구 6명 중 1명(16.1%)이 미혼인 채 부모에 얹혀산다(총무성, 2011)는 통계가 있는데 이를 환산해 보면 295만 명에 이른다고 하고, 그 증가세도 만만치 않은 현실이라고 한다(〈늘어난 '중년 캥거루족', '가정 몰락' 빨간불 들어왔다〉 미래에셋자산운용 블로그 2012. 7. 2.).

문제는 이미 이들이 일본의 장기 불황 시절에 20대를 보내게 되면서 20대부터 캥거루족이었고 취업 악화가 장기화되면서 캥거루족으로서의 삶이 장기화될 수밖에 없었으며 경제 상황이 크게 나아지지 않는 한 지속적으로 새로운 캥거루족의 유입으로 이것이 쉽게 해결될 문제가 아닐 것이라는 점이다. 그런데 이는 단지 일본만의 상황은 아니다.

일본보다 조금 늦기는 하지만 일본과 비슷한 길을 걷고 있는 우리의 경우도 마찬가지다. 부동산 거품이 꺼지면서 '하우스 푸어'가 사회적인 문제가 되고 2008년에 있었던 '서브프라임 모기지론' 사태로 인한 경제 위기와 지금 겪고 있는 유로존의 경제 위기 등으로 전 세계적 차원에서 경기가 침체되고 경제가 위기에 빠진 상태에서 개인들의 경제 상황은 좋아질 리가 없다. 상황이 나빠지면 상대적으로 경제력이 취약한 젊은 층의 상황이 더 나쁠 수밖에 없는데 이러한 대내외적 상황이 캥거루족을 더 많이 양산해 낼 수밖에 없었다고 생각한다.

특히나 최근 들어 문제가 되고 있는 등록금 문제는 나중에 그들이 사회에 나가서 직업을 구한다고 해도 빚을 갚기에 급급하게 될 것이라는 점에서 그것이 다시 그들에게 경쟁력에서 밀려날 수밖에 없는 이유가 될 가능성이 크다. 결국 이런 현실에서 살아남기 위해서는 본의든 타의든 캥거루족이 될 수밖에 없는 것이다. 부모의 등을 치고 사는 부정적 의미의 캥거루족에서부터 어쩔 수 없이 캥거루족이 될 수밖에 없는 경우에 이르기까지 그들에게 최후의 보루는 부모의 경제력이 될 수밖에 없다.

그런데 우리나라의 경우 복지 기반이 약하고 부모 세대가 가난을 어렵게 벗어난 세대일 뿐만 아니라 자식을 키우는 과정에서도 과도한 교육비 지출 등으로 노후에 대한 대비가 제대로 되어 있는 경우가 많지 않은 것이 현실이다. 이런 부모들이 장기간 자식을 끼고 살면서 그들을 경제적으로 도와주기란 힘든 일이다. 결국 부모까지 파산하거나 경제적 궁핍에 시달리는 이유가 될 수밖에 없는데 이런 점은 이웃 나라 일본에서 이미 잘 보여 주고 있다.

경제 상황이 힘들어지면 캥거루족이 늘어난다는 것은 지금 그리스와 스페인이 누구보다도 잘 보여 준다. 유로존의 경제 위기로 그리스와 스페인의 청년 2명 중 1명이 캥거루족이라는 보도(《혼돈의 유로존, 길을 묻는다-위기 희생양된 유럽 청년층》 내일신문 2007. 7. 4.)는 이 점을 잘 보여 준다. 그러나 이는 단순히 청년층만의 일이 아니라 부모 세대까지 경제적 몰락을 가져올 가능성이 크다는 것이고 특히, 중년 캥거루족의 경우 부모가 돌아가시게 되면 경제적인 빈곤층으로 전락할 가능성이 매우 크다고 하겠다. 이렇게 되면 이는 개인뿐 아니라 사회적으로도 심각한 문제를 낳을 수도 있다.

(2) 사회적 차원의 문제점

① 사회적, 경제적 손실

캥거루족은 자의든 타의든 부모에 얹혀사는 사람들이다. 따라서 그들이 사회에서 일자리 없이 부모의 경제력에 기대는 과정에서 사회에서 유용한 노동력으로서 활용되지 못하고 버려진다는 점이다. 우리나라의 경우 발표된 바에 따르면 청년 실업률이 2011년 기준 7.6%라고 하는데 통계의 함정 등 가려진 현실(군대에 가거나 대학원에 진학하거나 어학연수를 가는 등)이나 우리나라 실업률 통계를 낼 때 일주일에 한 시간만 일해도 취업자로 계산된다는 점 등을 고려해 보면 실제로는 실업률이 훨씬 높을 가능성이 크다. 그들이 사회에서 제대로 일하지 못하는 것은 여러모로 사회적 손실을 낳는다.

이와 더불어 자의에 의해 캥거루족이 되는 경우-특히 20대-요즘과 같은 현실에서 스펙을 쌓기 위해 대학을 다니는 기간이 길어지고 구직 활동을 위한 기간이 길어지면서, 그리고 그러는 과정에서 자신을 위한 투자를 늘리는 과정에서 한 개인으로 볼 때는 투자 대비 효용성이 낮아질 수밖에 없다. 어차피 정년이 보장되지 않고, 인생 100세 시대가 되었다 해도 정년이 연장되지 않는 한 그들이 사회에 나와서 일을 한다고 해도 빚을 갚고 결혼을 하고 하는 과정에서 과도하게 경제적인 지출을 해야 하기 때문에 노년을 위한 준비는 힘들 수밖에 없다. 그렇다면 결국 노년이 되었을 때 빈곤에 빠지기가 쉽다는 것이다.

② 경제적 빈곤, 경제적 악순환

캥거루족이 많다는 것은 그만큼 비경제 활동 인구가 많다는 것이고 그들 노동력이 버려지는 것을 의미하기도 하지만 결국 그들이 부모의 경제력에 많이 의존하기 때문에 그만큼 소비 활동을 원활하게 하기 어렵고 따라서 그들이 경제 전체에서 차지하는 영향력이 작을 수밖에 없다. 활발하게 경제 활동을 하고 그것이 소비로 이어지면서 경제가 활성화되는 선순환 구조를 갖게 되는 것이 아니라 생활에 필수적인 소비만 한다거나 소비 자체를 줄이게 됨으로써 경제 전체에 활력을 떨어뜨리고 경제를 어렵게 만든다.

뿐만 아니라 그들이 결국은 사회적으로 복지 비용을 증가시키고 우리나라처럼 복지 기반이 취약하고 국민연금 제도를 시행한 역사가 짧은 현실을 고려해 볼 때 대부분의 경우 자신의 노년을 대비하는 일이 개인에게 맡겨진 상황에서 그들이 고스란히 노년 빈곤층으로 이어질 가능성이 크다. 특히 우리나라처럼 급격하게 노령화 사회로 진입하고 있는 현실에서 노후에 대한 개인적, 사회적 대비가 부족한 캥거루족이 많아진다면 그들로 인해 사회적으로 지불해야 하는 비용과 비생산적인 비용을 늘리게 함으로써 오히려 경제를 악순환의 구조에 빠져들게 할 가능성이 크다.

앞으로도 지속적으로 세계화되는 과정에서 전 세계적으로 경제 위기가 반복된다면, 오늘날처럼 전 세계 경제가 긴밀한 연관과 상호 의존 속에서 돌아가는 상황에서 계속적으로 위기가 되풀이될 가능성이 크고 이에 따라 스페인과 그리스의 예에서 보여 주듯 그 사회에서 약한 고리가 되는 청년이 실업과 빈곤에 빠질 가능성이 높다. 이는 결국 그 사회에서 심각한 문제를 낳을 수밖에 없다. 급속한 노령화가 우리 사회에서 커다란 이슈가 되고 있는 상황에서 노인 부양 문제가 더 심각해질 가능성이 크며 이로 인한 세대 간의 갈등도 발생할 가능성이 크다.

특히 우리나라처럼 부모와 자식 간 유대가 긴밀한 사회에서는 부모 세대가 죽을 때까지 자식을 돌보아야 하는 그런 현실을 낳을 수도 있다. 현실적으로 그렇게 된다면 결국 이는 개인들의 몰락을 가져올 수밖에 없고, 그렇지 않더라도 결국 우리 사회가 책임져야 할 수밖에 없는데 이는 앞으로 우리나라 경제에서 심각한 악영향을 끼치는 일이 될 것이다.

문제 해결을 위한 방안의 모색

캥거루족의 증가를 막기 위한 노력은 여러 가지 차원에서 이루어져야 한다. 하지만 이미 앞에서도 지적했듯, 이는 신자유주의의 등장으로 말미암은 자본주의 경제 체제의 문제와 긴밀하게 관련을 맺고 있기 때문에 근원적 해결이 어렵다는 점이 가장 커다란 문제이다.

대부분의 기사나 글에서 문제의 원인이 일자리 부족과 부모와 본인 개인의 태도를 문제 삼고 있는데 이것이 근본 이유라면 정부가 나서서 고용을 늘리기 위해 노력한다거나 부모가 자식 양육 태도를 바꿔서 독립심을 기르도록 한다거나 아니면 당사자가 독립하려는 의지를 기른다는 식으로 그 해결책을 찾아볼 수 있을 것이다.

그러나 지금껏 정부가 실업률을 떨어뜨리기 위해 노력을 하지 않은 적은 없었고 일자리를 창출하기 위해 노력해도 대개는 일시적인 일자리에 불과해서 근본적으로 일자리 문제를 해결하지 못하는 것이 현실이다. 특히 구직자가 원하는 일자리와 실제로 마련되는 일자리 사이의 간극이 크기 때문에 일자리를 늘리는 문제가 쉽게 해결되기 어렵다. 일자리는 경제의 활성화를 통해 자연스럽게 고용이 늘어나야 하지만 반복되는 경제 위기와 캥거루족 등의 양산으로 경제 활력의 감소, 경제의 악순환, 사회적 비용의 증가 등으로 이어진다. 결국 경제 상황에 기대 해결책을 찾기도 힘든 것이 현실이다.

결국 장기적인 전망을 가지고 지금 현재의 신자유주의에 입각한 경제 시스템을 바꾸는 일이 필요한데, 이는 장기적인 노력을 해야 성취 가능하다고 볼 때 단기적이고 실천 가능하면서 현실에서 어느 정도 실효성 있는 대책 마련이 시급하다고 하겠다.

특히 캥거루족 문제를 개인적인 차원의 문제로 돌리고 이것의 해결을 개인에게 맡겨 버린다면 결코 해결의 실마리를 찾지 못하게 될 것이다.

(1) 일자리 늘리기와 고용을 위한 교육과 재교육

현실적으로 고용을 늘리는 일은 경제의 활성화와 관련이 깊기 때문에 인위적으로 늘리는 데에는 한계가 있을 수밖에 없을 것이다. 그보다 더 절실한 것은 사회의 변화에 대응해서 사회적으로 필요한 노동력을 적절하게 제공할 수 있는 일이 필요한데 그러기 위해서는 현실적으로 요구되는 노동력을 갖추는 일이다. 사회가 고도화되고 정보화되면서 더욱 전문적이고 창의적인 노동력을 요구하는 현실에서 그런 현실에 맞는 노동력을 갖추는 것은 힘든 일이다. 이런 일을 모두 개인의 몫으로 돌리기보다는 사회가 나서서 새로이 사회로 투입되는 젊은 층의 노동력을 교육하고 일자리를 잃은 노동력을 현실에 맞게 재교육하는 그런 제도가 필요하다.

(2) 정년의 연장과 고용의 안정화

캥거루족이 늘어나는 데에는 아예 처음부터 취직을 안 하거나 못 하는 경우도 있지만 그보다는 쉽게 관둔다거나 고용 불안 상태에 내몰리다 결국 캥거루족으로 전락했을 가능성이 더 크다. 또한 점차 30대가 넘어가야 부모로부터 어느 정도 독립이 가능해짐에 따라 부모 세대의 몰락을 막고, 일하는 기간이 짧아짐에 따르는 사회적 손실과 비용을 줄이기 위해, 정년을 연장하고 고용을 안정화하는 일이 무엇보다 중요하다. 고용이 안정적일 때 노동자는 자신의 회사에 충성심과 애사심을 가지게 되고, 기업 역시 노동자와 함께 성장하려는 의식을 가져야 그 회사가 필요로 하는 노동력을 얻을 수 있다. 그렇다면 무엇보다도 비정규직이나 계약직보다는 고용을 안정화함으로써 이직이나 실직을 줄이는 일이 필요하다.

(3) 새로운 형태의 가족 등장과 이를 위한 지원

현실적으로 캥거루족이 늘어날 수밖에 없다면 이를 오히려 적극적으로 수용하고 그 안에서 해결책을 찾아보는 일도 필요하다. 부모와 함께 거주하는 캥거루족이 오히려 부모와 함께 살게 되면서 생활비가 줄고 노인 고독, 소외 등의 문제를 줄일 수도 있고, 최근 심각한 문제로 나타나는 가족 간의 단절이나 해체를 줄일 수 있기 때문이다. 이와 같은 가족 형태를 스크럼 가족(시위나 럭비에서 여럿이 팔을 바짝 끼고 횡으로 줄지어 서는 대열인 스크럼scrum에서 유래함)이라고 한다. 독립하지 않고 그렇게 몰려 살고 있으므로 스크럼 가족이라는 것이다. 이러한 가족 형태의 형성을 위한 여러 가지 제도적인 혜택이 마련되어야 할 것이다. 가령 부모 세대와 함께 사는 캥거루족을 위한 주택의 보급, 규모는 작아도 성인 여러 명이 함께 거주하고 생활할 수 있는 구조를 가진 주택 등의 건설에 적극적 지원이 필요할 것이다.

또한 우리 사회 구성원들도 이러한 가족 형태를 자연스러운 것으로 받아들일 수 있어야 할 것이다. 과거에는 유교적 가치관의 영향으로 '효'라는 윤리 의식에 입각해서 자식들에게 부모의 봉양을 의무로 여기도록 했지만 이제는 부모-자식이 윤리적인 이유가 아니라 서로 필요에 의해서 의지하고 기대는 그런 가족으로 변할 수밖에 없고 이는 오히려 심각해지고 있는 노인 고독이나 가족 해체 등의 문제를 해결해 주는 대안이 되기도 한다.

맺는 말

이상을 통해 캥거루족 문제점과 대안을 살펴보았다. 전 세계적으로 1980년대 이후 등장하여 보편적 현상으로 확산되고 있는 캥거루족 문제는 부끄러운 일이라거나 아니면 개인적인 잘못의 문제로만 여겨져서는 안 되며 사회적인 차원에서 적극적으로 해결의 실마리를 찾아야 하는 문제이다. 자본주의의 발전과 그로 인해 국가 간의 장벽이 없어지고 글로벌화 되는 상황에서 개인들이 처한 상황은 갈수록 어려워지고 있다. 이러한 현실을 고려해 볼 때 캥거루족 문제는 앞으로 더욱 심화될 가능성이 큰 문제이고 우리 사회 전체가 함께 해결해 나가지 않으면 안 되는 문제임을 인식해야 할 것이다.

▶참고한 글

• 네이버 백과사전.
• 조원희, 〈신자유주의, 발전일까 재앙일까〉, 《세상 청바지》, 웅진지식하우스.
• 리처드 세터스텐, 바버라 E. 레이 저 이경남 역, 《20대=독립은 끝났다》, 에코의서재.
• 리포트 월드, 〈'캥거루 족', 그들은 누구인가?〉, 2010.
• 이기문, 〈서울 3040 미혼男 24만 명… 20년간 10배 늘어〉, 조선일보, 2012. 7. 6.
• 전영수, 〈늘어나는 '중년 캥거루족', '가정 몰락' 빨간불 들어왔다〉, 미래에셋자산운용 블로그,
  2012. 7. 2.
• 김형선, 〈혼돈의 유로존, 길을 묻는다 ⑤위기 희생양이 된 유럽 청년층 '그리스 스페인 청년 2
  명 중 1명이 논다… 캥거루족 늘어'〉, 석간 내일신문, 2012. 7. 4.
• 천명관, 《고령화 가족》, 문학동네.
• 한스 페터 마르틴, 하랄트 슈만, 〈늑대의 법칙〉, 《세계화의 덫》, 영림카디널.
• 한스 페터 마르틴, 하랄트 슈만, 〈능력 있는 사람은 자신을 구하라! 그런데 도대체 누가 능력
  있는가〉, 《세계화의 덫》, 영림카디널.

인식과 선호도 분석을 통한 공유 경제 보편화 가능성

부산 국제고등학교 2학년 이미소

서론

연구의 필요성 및 목적

미국의 시사 주간지 타임지는 세상을 바꾸는 10대 아이디어 중 하나로 '공유 경제'를 선정했으며, 이를 젊은이들이 이끌어 가야 한다고 주장했다.[1] 방과 차를 빌리는 것은 공유 경제의 대표적인 예이며, 스웨덴에서는 캠핑 장소를, 호주에서는 잔디밭을, 프랑스에서는 세탁기를 빌려 쓸 수 있다.[2] 공유 경제는 최근 생겨나 점차 퍼지고 있지만, 아직 우리나라에서 생소한 개념이며 성공적으로 정착되지 않았다. 공유 경제 사업은 설립된 지 1년 반이 넘지 않은 기업이 대다수이며 영세한 규모로 이루어져 있다. 이에 본 연구는 현재 시행되고 있는 공유 경제 사업을 살펴보고, 소비자들의 인식과 선호도를 분석했다. 그리하여 향후 공유 경제의 방향을 제시하고 국내에서도 공유 경제가 보편화될 가능성이 있는지 살펴보고자 한다.

2. 용어 정의

공유 경제란 생산된 제품을 여러 명이 공유해 함께 쓰는 협력적 소비를 바탕으로 한 경제 방식을 지칭한다. 20세기 자본주의 경제의 특징인 대량 생산과 대량 소비와는 다른 방향성을 띤다. 즉, 물

---

1. Bryan, W., 'Today's Smart Choice: Don't Own. Share', 〈Time〉, 2011. 3. 17.
2. 'The Rise of the Sharing Economy', 〈The Economist〉, 2013. 3. 9.

품은 물론 생산 설비나 서비스 등을 개인이 소유할 필요 없이 필요한 만큼 빌려 쓰고, 자신이 상시 사용하지 않는 재화의 경우 다른 사람에게 빌려 주는 공동 소비의 의미를 담고 있다.[3]

연구 문제 및 배경

1. 연구 문제

최근 등장한 개념인 공유 경제에 대해 활성화 움직임이 일어나고 있지만 사람들이 이러한 개념에 대해 인지하고 있는지는 미지수이다. 이와 관련한 사업 또한 소규모이며 시작 단계이므로 잘 알려져 있지 않다. 그럼에도 소유하고자 하는 욕구가 강한 명품 가방 같은 고가품에서조차 공유 경제가 나타난다는 점은 앞으로 더욱 확산될 것을 의미한다. 20~30대 젊은 소비자들이 남의 것을 빌려 쓰는 데 익숙한 것도 공유 경제가 확산되는 이유 중 하나이다. 특히 이들은 비싼 돈을 주고 오래 쓰는 것보다 적은 돈으로 빌린 뒤 고장이나 싫증이 나면 금세 새 물건으로 바꾸는 것을 선호한다.[4]

이처럼 사회가 변화하고 사람들의 소비 정서가 바뀌어 감에 따라 국내에서도 공유 경제가 보편화될 가능성이 있는지 면밀히 관찰할 필요가 있다. 본 연구는 공유 경제의 어떠한 부분에서 소비

---

3. pmg지식엔진연구소, 《시사 상식 바이블》, 서울: 박문각, 2008.
4. 김시현, '옷·방·차·명품백… 안 사고 빌린다 공유의 시대', 〈조선경제〉, 2013. 3. 20.

자들의 선호도가 높은지 소비자 인식과 물품별 선호도를 분석하여 공유 시장 창출을 돕고자 한다.

2. 이론적 배경

케인즈Keynes는 1930년 미국 대공황을 헤쳐 나갈 방법으로 소비를 내세웠다. 이후 '소비가 미덕이다'라는 말은 널리 퍼졌다. 미국 정부 차원에서 절약과 검소를 경계하라는 포스터를 붙였고 소비를 장려했다.

하지만 이러한 소비에 대한 믿음은 2008년 서브프라임 모기지subprime mortgage에 의해 깨졌다. 이는 미국 경제를 금융 위기로 몰고 갔고 사람들은 생존을 위해 자신의 소비 형태를 되돌아보았다. 이때 새로운 경제 패러다임인 공유에 눈을 돌리기 시작한 것이다.[5] 공유 경제는 2008년 로렌스 레식Lawrence Lessig에 의해 처음 사용된 말이다. 최근에는 경기 침체와 환경 오염에 대응하는 사회 운동으로 확대되어 쓰이고 있다.

3. 공유 경제 사업 현황

해외

전 세계적으로 공유 경제는 확산되는 추세이다. 학자들은 세계

---

5. 시사기획 창, '공유… 경제를 바꾸다', 〈KBS1〉, 2013. 3. 19.

공유 경제의 규모를 550조 원으로 추산하고 있다. 이 중 미국은 110조 원, 영국은 38조 원을 차지한다. 미국과 독일, 영국을 중심으로 활성화되고 있다.[6]

국내

다음은 국내 주요 공유 경제 서비스 업체이다.

업체명	사업 내용
코업	작업 공간 공유
품앗이 파워	엄마들의 재능을 이용한 공동 교육
쏘카, 그린카	자동차 공유
마이리얼 트립	현지인 여행 경험 공유

연구 결과

1. 조사 대상

P국제고[7]	B일반고[8]	S일반고[9]	M전문계고[10]	일반 집단	합계
22	21	18	26	77	164(명)

---

6. 시사기획 창, '공유… 경제를 바꾸다', 〈KBS1〉, 2013. 3. 19.
7. 부산국제고등학교.
8. 부산고등학교.
9. 부산서여자고등학교.
10. 부산마케팅고등학교.

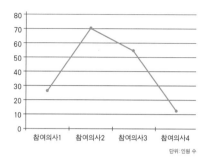

단위 : 인원 수

참여 의사 1 : 적극 이용한다
참여 의사 2 : 이용한다

참여 의사 3 : 이용 안 한다
참여 의사 4 : 절대 이용 안 한다

2. 공유 경제 인지도 및 참여 의사

공유 경제에 대해 처음 들어 본 사람이 72%로 가장 많았다. 이처럼 낮은 인지도에 비해 참여하겠다는 의사는 많았다. 잘 알려져 있지 않은 상황이 공유 경제 보편화를 막는 가장 큰 장애 요소로 보인다.

2. 물품에 따른 공유 경제 선호도

국내에서 시행되고 있는 공유 경제 사업을 참고하여 여러 물품들의 공유 선호도를 조사하였다. 가장 선호하는 물품은 정장, 책, 공구였고, 가장 꺼려하는 것은 '방'의 공유였다. 일시적으로 사용하는 물품들의 선호도가 높았고, 사생활과 밀접하게 연관된 것들의 경우 선호도가 낮았다.

3. 공유 경제를 통한 기대 효과

경제적인 측면

첫째, 가계 지출을 줄일 수 있다. 집마다 버리기는 아깝고 자리 차지하게 놓아두자니 잘 쓰지 않는 자원은 무궁무진하다. 이러한 자원을 공동으로 모아 필요한 사람이 가져다 쓸 수 있도록 하게 될 경우 가계 부담이 줄어든다.

둘째, 자원 낭비를 막을 수 있다. 더 사용할 수 있는데도 폐기 처분되는 물건이 우리 주변에 많이 있다. 하지만 공유 경제 시행 시 자원 낭비를 막음으로써 환경 보호에까지 나아가게 되는 것이다.

공유 경제는 유휴 자원을 공유할 수 있도록 함으로써 경제적 손실 및 비효율성을 극복할 수 있도록 도와준다. 제품을 생산하는 기업들에게 이는 위기이자 기회다. 패러다임을 빨리, 그리고 적절히 바꾸는 회사에게 그 혜택이 돌아갈 것이다.

사회 정의적 측면

공유 경제는 다양하고 공평한 소비의 기회를 제공한다. 자동차를 구매할 형편이 안 되는 사람도 시내에서 조금 떨어진 쇼핑몰에 가서 짐을 싣고 오는 등 길어야 몇 시간 정도 차가 필요한 경우가 있다. 이런 경우 자동차 공유 서비스를 이용하면 편리하다. 또한 자동차를 소유하고 있는 사람은 자신이 쓰지 않을 때 다른 사람에게 빌려줌으로써 추가 소득을 얻을 수 있다. 이처럼 저렴한 가격으로 필요할 때만 빌려 쓸 수 있기 때문에 가난한 사람의 삶의 질도 향상될 수 있다.

유대감 및 인간애 측면

공유 경제를 통해 다른 사람들과 연결됨으로써 인간의 다양하고 본질적인 모습을 되돌아 볼 수 있다. 공유 경제는 많은 사람들에게 이웃과 연결되어 있다고 느끼게 함으로써 보다 친밀한 공동체 형성을 가능하게 해 준다.

4. 법으로 인한 국내 공유 경제의 한계점

아직까지 국내에서 공유 경제가 활성화되어 있지 않다 보니 법체계가 제대로 잡혀 있지 않다. 외국에서 활성화되어 있는 카 쉐어링 업체인 버즈카의 경우 P2P(Peer to Peer) 서비스이다. P2P 서비스라 사람들이 이미 소유하고 있는 자동차를 이웃과 공유할 수 있도록 연결해 준다. 각자가 소유한 자산을 이웃과 공유한다는 점에서 진정한 공유 경제의 실현인 것이다.[11]

하지만 국내에서는 버즈카와 같은 회사가 나올 수 없다. 국내법상 차량을 빌려주고 그 이용 금액을 지불하는 대여 산업의 경우 신고제가 아닌 허가제로서 그러한 운수 사업을 운영하기 위해서는 50대 이상의 차량을 소유해야만 기본 자격이 성립한다. 따라서 개

---

11. 김인수, '뛰어난 직원 100명보다 고객 1만 명 두뇌가 낫다', 〈매일경제〉, 2013. 3. 29.

인 간 차량 대여는 운수사업법 상 불법이기에 P2P 서비스가 국내에 없는 것이다.[12]

김태균[13]은 "대우나 CJ 등 기업들과 소통을 하고 있지만 법적으로 검토할 요인이 많다 보니 확실하게 공유 경제에 참여하겠다고 의사를 밝힌 곳은 아직까지 없다."고 설명했으며, 서울시 역시 공유 경제가 추진력을 얻으려면 법 제도 완화가 필요하다고 주장했다.[14]

결론

대량 생산과 소비 시대에는 나 홀로 소유하는 것이 강조되었다. 하지만 거대 소비 시스템이 무너지고 경제적 불황을 겪으면서 사람들은 공유를 통한 새로운 소비 방식을 경험하기 시작했다. 공유 경제는 이미 있는 자원을 활용하기 때문에 빠르게 규모를 키울 수 있고, 인터넷을 기반으로 하는 만큼 창업이 비교적 쉬운 것도 공유 경제가 커진 계기가 되었다. 오래 전부터 함께하는 문화 안에서 살아왔던 한국에 공유 경제가 잘 정착된다면 놀라운 힘을 발휘할 것이다.

공유 경제에 대한 인지도는 낮지만 높은 호감도와 참여 의사를

---

12. 김동석 그린카 마케팅 팀장·홍지영 쏘카 마케팅 팀장 인터뷰.
13. 서울시 사회혁신담당관.
14. 이정현·이슬기, '나눠 쓰는 서울 공유 도시 선언 지지부진', 〈연합뉴스〉, 2013. 4. 2.

볼 때 효과적으로 공유 경제에 대해 알리며 홍보할 필요가 있다. 사람들은 공유 경제에 대해 긍정적으로 생각하며, 공유 경제를 통해 경제적, 사회 정의적 유대감 등의 다양한 효과를 얻을 수 있다. 앞으로 공유 기업들이 많이 생겨날 수 있도록 제도적 문제점도 해결해 나가야 할 것이다. 그렇게 되었을 때 국내에서도 공유 경제가 보편화되며 활성화될 것이다. 선호하는 물품은 책, 공구, 정장과 같이 일시적으로 사용하는 데 비해 가격은 만만치 않은 것들이었다. 아직 공유 경제가 활성화되지 않은 시점에서 이러한 물품들이 많은 사람들의 공감을 얻어 성공하기 쉬울 것으로 보인다. 방의 공유에 있어서는 본 연구의 선호도 조사 및 한국적 정서와 사생활 존중을 고려해 볼 때 아직은 보편화되기 어렵다. 사생활과 밀접하게 연관된 공유 경제를 지양하는 것이 시장 진출에 유리하다.

▶ 참고 문헌
• 김동석(그린카 마케팅 팀장)·홍지영(쏘카 마케팅 팀장), 인터뷰, 2013. 4. 8.
• 김시현, '옷·방·차·명품백…안 사고 빌린다 공유의 시대', 〈조선경제〉, 2013. 3 .20.
• 김인수, '뛰어난 직원 100명보다 고객 1만 명 두뇌가 낫다', 〈매일경제〉, 2013. 3. 29.
• 시사기획 창, '공유… 경제를 바꾸다', 〈KBS1〉, 2013.3.19.
• 이정현·이슬기, '나눠 쓰는 서울 공유 도시 선언 지지부진', 〈연합뉴스〉, 2013. 4. 2.
• pmg지식엔진연구소, 《시사 상식 바이블》, 서울: 박문각, 2008.
• Bryan, W., 'Today's Smart Choice: Don't Own. Share', 〈Time〉, 2011. 3. 17.
• 'The Rise of the Sharing Economy', 〈The Economist〉, 2013. 3. 9.

외식업계의
터닝 포인트Turning Point를
꿈꾸며

인천외국어고등학교 3학년 이자경

들어가며

우리 가족은 외식을 즐겨 하는데, 나는 외식을 할 때마다 행복한 고민에 빠지게 된다.

바로 무엇을 먹을지에 관한 고민이다. 이제는 번뇌에 가깝다. 먹자골목으로 나가면 엄청나게 많은 불빛의 간판들이 나를 유혹하려고 앞다투어 반짝이기 때문이다. 한식부터 중식, 일식, 심지어 인도식까지 한 거리에 있기엔 너무나 이질적인 종류의 음식들이 줄을 지어 늘어서 있다. 그 종류와 브랜드도 다양하다.

이제 제주산 흑돼지를 먹기 위해 제주도에 가지 않아도 되고, 서울 한복판에서 동해의 현지와 같은 싱싱한 회를 맛볼 수 있다. 말 그대로 외식업계에 '세계화, 다원화'의 바람이 불고 있는 것이다. 이 같은 변화는 나와 같은 사람들의 입장, 즉 소비자의 입장에서는 매우 바람직한 현상이 아닐 수 없다. 이제 우리는 우리의 기호와 취향대로 음식의 종류와 음식점을 '취사선택'할 수 있다.

하지만 세상의 모든 일에는 양면성이 있듯이 외식 산업에 있어 소비자에게는 즐거운 고민거리가 그것을 제공하는 공급자에겐 괴로운 고민거리로 다가오는 듯하다. 경쟁에서 살아남아 소비자에게 선택받고 그 선택을 오래 지속시키기 위하여 음식점을 직접 경영하고 있는 자영업자들은 항상 새로운 무엇인가를 생각하고, 고안하고 발전시켜야 하기 때문이다. 1+1 행사, 경쟁 업체보다 음식 가격을 낮추어 판매하는 것들도 같은 맥락일 것이다.

이러한 사회 현상을 나는 소비자의 시각에서 벗어나 후자의 입장에서 바라보기로 했다.

그리고 이 논문을 시작하기에 앞서 두 가지의 장면을 먼저 제시한다.

장면 1 – 어머니의 한숨

우리 어머니는 음식점을 운영하고 계신다. 지난 14년간 한결같은 마음으로 그 자리에서 가게를 운영하여 이제 레스토랑은 우리 지역 맛집과 외국인 모범 음식점으로 선정되고, 지역 대회에서 어머니만의 독자적인 요리가 수상을 하는 등 우리 가게는 꾸준히 명성을 이어 가고 있다. 이제는 지역 주민들도 음식 맛만큼은 인정을 해 주시는 듯하다. 일반 음식점의 3년 이상 생존율이 47.8%밖에 되지 않는다던데[1], 이런 면에서 우리 어머니, 대단하고 자랑스럽다.

1.　　자영업자 업종별 3년내 휴·폐업률(단위:%)

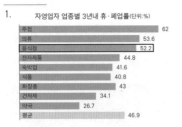

음식점 부문 3년 내 휴·폐업률이 52.2%에 달한다는 점을 확인할 수 있다.(자료 출처: KB금융지주 경영연구소)

그런데 요즈음 어머니의 낯빛이 매우 어둡다. 말끝마다 한숨이 가득하다.

"어휴, 매출이 그대로이면 뭐 하나. 인건비, 재료비, 그 밖의 다른 것들이 너무 올라서 지금 매출로는 감당이 안 돼. 그렇다고 음식 가격을 쉽게 올릴 수도 없는 노릇이고……."

어머니를 한숨 쉬게 만드는 그 무언가가 너무 밉다. '엄마! 어떤 점이 그렇게 힘들어?'

장면 2 - '사장님은 아프다', 우리는 아프다.

"자네, 그거 들었나? 잠실에서 '범외식인 10만인 결의대회'가 열린다는군. 전국에 있는 우리 같은 사람들이 모여 목소리를 낸다고 하는데, 우리도 가서 힘을 보태는 것이 어떻겠나?"

"그러세. 함께 가시게!"

(와아아- 잠실경기장을 가득 메운 사람들과 울려 퍼지는 함성)

"외국인 근로자 고용 정책 개선하라!"

"8/108 비율은 너무 낮다! 의제 매입 세제 10/110으로 상향 조정해라!"

"대형마트, 백화점은 카드 수수료가 1.5%인데 우리같이 소규모로 장사하는 사람들에게는 2배 가까운 2.7%를 물리는 것이 말이 됩니까? 우리도 1.5%로 낮춰 주시오!"

"온 골목에 뻗어 있는 대형마트 프랜차이즈 때문에 못 살겠다!"

2011년 10월 18일, 전국 각지의 자영업자들이 잠실에 모여 대규모 집회를 열었다. 이들은 다음과 같은 조항을 내세우며 목소리를 높였다.

1. 일반 음식업종의 신용카드 수수료율 1.5% 이하 인하
2. 의제매입세액공제율의 일몰제 폐지 및 영구 법제화
3. 만성적인 인력난 해소를 위한 외국인 고용허가 인원 완화

범외식인 10만인 결의대회 현장
(출처: 음식과 사람 2013년 4월호 ㈜한국외식업중앙회 발행)

성장하는 외식 산업, 그러나 높아지는 신음
- 이 순간 터닝 포인트를 꿈꾸며

'가정을 떠나 자기가 조리하는 일 없이 식사를 하는 것을 외식이라 하고 그 식사를 제공하는 것을 직업 사업으로서 하는 업계를 외식 산업'[2]이라고 한다. 국내의 외식 산업[3]은 개인 중심의 장사 개념에서 시작하여, 1979년 서울 소공동에 롯데리아가 개업하면서 기업식 외식 전문점이 도입되면서 그 의미가 확장되기 시작했다고 볼 수 있다. 88아시안게임, 88올림픽으로부터 외식 산업의 태동

---

2. 식품과학기술대사전.
3. 출처 http://blog.daum.net/ykk720/15851416(외식 산업의 개념).

기가 시작되었으며, 해외 브랜드의 국내 시장 진출이 본격화됨으로써 시장 규모가 약 18조 원인 산업으로 성장했다(진입기). 소득 증가, 교육 수준의 향상, 여권 신장, 주5일 근무제 확산 등의 환경 변화는 소비 패턴 변화의 중심축으로 작용하였다. 이는 소비자의 가치관에 다양한 변화를 촉진함으로서 현대 소비 성향은 날로 증가하고 다양한 기호와 트렌드의 변화를 가져 왔다. 실제로 이제 외식 산업은 '외형적으로 약 70조 원의 시장 규모와 320만여 명의 종사자가 몸담고 있는 하나의 산업'으로 성장했다. 이는 10년 전인 2001년과 비교하여 약 두 배 가까이 증가한 것으로, 국내 외식업은 매우 빠른 속도로 성장하고 있음을 보여 준다.

국내 식품 산업 시장규모

구분	'01	'02	'03	'04	'05	'06	'07	'08	'09	'10
제조·외식(A+B)	72,326.1	79,430.4	83,878.9	91,895.9	89,920.7	95,237.7	107,514.5	119,923.6	130,636.5	133,012.0
음식료품 제조업(A)	36,080.5	38,939.4	39,615.4	43,526.3	43,668.2	44,381.4	48,149.1	55,211.7	60,771.3	65,446.2
사료 제외	32,081.3	34,940.5	35,459.3	38,758.7	39,058.7	39,797.8	42,414.2	47,319.5	52,598.6	57,120.5
음식점업(B)	34,245.6	40,491.0	44,263.5	48,369.6	46,252.5	50,892.3	59,365.4	64,711.9	69,865.2	67,565.8

출처:통계청 경제 총 조사 매출액

이러한 현황에도 왜 경영난을 우려하는 목소리가 많아지고, 외식업자들이 느끼는 실제 체감 경기는 더 악화되고 있는 것일까? 일단, 외식업계의 약진과 이에 따른 해결 방안에 대한 전문가들의 말을 살펴보면 다음과 같은 요인으로 요약될 수 있다.[4]

첫째, 우수한 인력과 전문 경영인의 부재이다. 경영 마인드가 부족한 원인으로 체계적인 직원 교육이 부족하다는 것이다. 따라서 숙달된 전문 경영인, 외식 전문가를 확보하지 못하는 점이 불황에 대처하지 못하는 이유가 된다.

둘째, 업계의 과당 경쟁에 따른 고객 수 이탈이다. 한국 외식업의 특성상 잘되는 사업에는 반드시 아류 브랜드가 생기기 마련인데, 한 기업이 기발한 외식 종목을 개발했다 하더라도 여러 요인에서 밀리면 고객을 빼앗길 수 있다. 또한 이러한 모방 기업들이 계속해서 생겨난다면 흉내 내기에 급급한 경영으로 그 분야의 시장 전체가 붕괴될 수 있다. 따라서 초기에 아이디어를 개발한 업체를 보호할 수 있는 방안이 마련되어야 한다.

셋째, 소비자의 양면성 때문이다. 친절한 서비스와 가격 대비 높은 만족도를 얻으려는 그들의 습성 때문에 이를 이상적으로 다 만족할 수 있는 업체들이 많지 않은 실정으로 외식 산업이 부진하고 있는 것이다.

넷째, 외식 사업을 하려는 준비된 인재는 많지만 이를 뒷받침해 줄 수 있는 제도적인 장치들이 부족하기 때문이다. 초기 자본이 부족한 그들에게 높은 지대, 잦은 임대료 인상, 초기 고객층 확보의 어려움은 이들이 음식점을 운영하는 데 있어 악영향으로 작용하고, 끝내 이 사업에서 실패하게 만든다.

전문가들이 지적하는 외식업계 불황 요인에 대한 의견을 알아

---

4. 이 내용은 2011년 6월 20일 '외식 산업의 경쟁력 강화 방안'이라는 주제로 개최된 좌담회의 내용을 본인이 요약한 것이다. 원문은 〈월간 식당〉 2011년 7월호 p.94, 95에 실려 있다.

본 나는, 앞서 밝힌 내 논문의 집필 목적을 고려하며 전문가들이 아닌 일반 소규모 음식점을 경영하고 있는 자영업자들은 이런 문제에 대해 어떻게 진단하고 어떤 대안을 원하고 있는지를 알아보기로 했다. 그래서 나는 자영업자들이 의견을 자유롭게 표현할 수 있도록 설계된 인터뷰용 설문지를 제작하여 어머니와 함께 우리 지역의 음식점들을 돌아다니며 내가 작성한 설문지에 응해 주실 것을 정중히 부탁드렸다. 매우 감사드리게도, 32명의 경영주께서 아무 거리낌 없이 설문지 작성에 응해 주셨다. 거의 모든 분들이 설문지를 성심껏 채워 주셨고, 더 알고자 하는 내용이 있으면 언제든지 전화로 물으라는 추신과 함께 본인의 전화번호를 흔쾌히 적어 주셨다.

아래는 조사를 위해 설문지에 내가 기재했던 문항과 실제 설문지의 모습이다.

1. 사장님께서 이 분야에서 지금까지 살아남을 수 있었던 가장 큰 개인적 요인은 무엇이라고 생각하십니까? (음식점 경영에 있어 가장 중요하게 여기는 것이 있다면, 그것은 무엇입니까?)
2. 이러한 요인(문항 1에서 답해주신 것입니다.)에도 불구하고, 음식점 경영상 문제가 있다면 그 원인은 어디에 있다고 보십니까?
3. 더 많은 소규모 자본가들이 경쟁력을 갖추기 위해서, 국가적 차원(또는 제도적 차원)에서 무엇이 가장 필요하다고 보십니까?

32인이 응답한 설문지들[5]

그렇다면 그들은 현재의 경영난이 어디에서 비롯한 것으로 보고 있을까? 분석 결과, 음식점 경영상에 있어 업주들이 겪고 있는 어려운 점은 다음과 같았다.

그들은 대형 유통업체의 등장으로 인한 경쟁력 약화, 많은 이들이 세금을 기피하기 위해 일용직으로만 일하려고 해서 생기는 인력난, 임대료와 같은 시설 및 운영 자금의 상승, 유통 마진에서 오는 식재료 가격 상승, 전반적인 경기 침체, 부가세로 인한 마진율 저하 등을 경영상의 한계로 꼽았다. 아래는 이를 그래프로 나타낸 것이다.

음식점 경영에 있어서 가장 힘든 점

- 2. 부가세로 인한 마진율 저하
- 3. 임대료 급상승
- 4. 대형 업체의 등장
- 9. 인력난
- 10. 유통 마진으로 인한 식재료 가격 상승
- 12. 전반적 경기의 침체

그 외 선택 요인
1. 노동의 대가가 너무 적음(개인 사업가 자신)
5. 과도한 물가 상승(가격 대비 인건비 상승)
6. 투명한 세금 납부로 인한 손해(지나친 세금)
7. 다른 나라에 비하여 외식업의 숫자가 지나치게 많음
8. 떠안고 있는 부채(경영의 어려움)
11. 인건비 및 공공요금의 상승

---

5. 나의 논문 작성에 있어 가장 생생하고 귀중했던 자료이다. 음식점 이름과 사장님의 성함은 가렸다.

한편 이들이 가장 우려하고 있는 것은 대형 업체의 등장인 것으로 나타났다. 이에 대해 많은 염려를 나타내고 있는, 설문에 응해 주셨던 한 업주의 말을 언급해 본다.

"식재료를 구함에 있어 대량 구매를 할 수 있는 프랜차이즈와 달리 자영업자들은 그 한계가 있어 가격 경쟁에서 밀리고 있습니다. 상권은 다를 수 있으나 대부분 대형 업체에 밀려 골목 상권의 위기감이 큽니다. 각 지역 특색에 맞는 소규모 상권이 살아날 수 있게 도로 위를 군림하고 있는 대형 프랜차이즈 업체와 공존할 수 있게 하는 제도가 절실하다고 생각합니다."

또 다른 원인은 인력난이었다. 노동법으로 인해 근로자들의 지위가 높아지면서, 전반적인 평균 임금이 상승하고 이것이 고용주들에게는 큰 부담으로 다가온다는 것이다. 또한, 세금 기피를 목적으로 일용직으로만 일하려는 사람들이 늘어남에 따라 각 음식점에 적합한 전문적 지식을 갖춘 인력을 확보하지 못해 이것이 고객에 대한 서비스 질 저하로 이어지는 것에 우려를 표하는 업주들이 많았다.

이러한 문제를 해결하기 위해 외국인 근로자를 고용해 장기적으로 교육을 시키려 해도 관련된 법 조항이 이를 제한해 어려움을 겪고 있다고 했다. 실제로 2010년, 2011년에는 교포 외국인 근로자의 입국이 완전히 금지되기도 했었다. 또한 이들은 노동법에 대응하여 자영업자들이 자신의 권리를 표출할 수 있도록 하는 제도 마련을 촉구했다.

사회 전반적인 경기 침체와 유통 마진으로 인한 식재료 가격 상승 또한 애로 사항이다. 32인의 설문지 응답자들뿐만 아니라 실제로 지난 1월 〈월간 식당〉에서 실시한 설문 조사에서 27.5%의 음식점 경영주들 또한 '원재료비 상승'을 가장 큰 골칫거리로 느꼈다.[6] 일반 음식점의 경우 대개 '제조사-도매업자-식자재 유통 상인-중상(무창고 차량 사업자)-음식점'등 식자재를 구입하기 위해 다섯 단계의 유통 과정을 거친다. 재룟값의 평균 40%를 유통 비용으로 지불하고 있는 것이다. 불합리한 유통 구조에 의해서 이들이 곤란을 면치 못하고 있다.[7]

한 가게의 흥망성쇠를 결정하는 요인들이 모두 사회 구조에 있다고 말하는 것은 어불성설이다. 업주 자신이 불성실하게 운영을 한다거나 불황의 원인을 모두 외부적 원인으로 돌려 버리는 태도는 분명히 문제가 있다. 하지만 많은 전문가들에 의해 그리고 업주 자신들에 의해 사회 구조적 모순이 여러 해 동안 꾸준히 제기되고 있다면, 그것은 분명히 다시 고려되어야 하는 '사회 문제'이고 잘못된 부분은 반드시 수정되어야 한다.

내 설문지 문항의 1번이었던 '치열한 외식 산업에서 생존할 수 있었던 자신만의 전략이 무엇입니까?'라는 문항에 많은 업주들이 '정직'과 '성실' 그리고 '음식의 맛'으로 답했다. 이들은 정직과 성실함, 그리고 음식의 맛을 최우선의 고려 사항으로 삼아 지금 이 순

---

6. 〈음식과 사람〉 4월호 p.24. 부분 요약·발췌.
7. 〈음식과 사람〉 4월호 p.25. 발췌.

간에도 더 나은 서비스와 경영 질 개선을 위해 자신의 자리에서 묵묵히 일하고 있다.

아직 '범외식인 10만인 결의대회'는 끝나지 않았다. 이들의 노력으로 여신전문금융업법 개정안[8]이 국무회의를 거쳐 정부에 의해 공표되긴 하였지만 제기되었던 많은 부문들이 아직 미해결로 남아 있고, 실제로 신용카드 수수료율은 현재 2.6%에서 2.3%로 겨우 0.3% 정도만 인하되었을 뿐이라고 한다.

'아직 사장님은 아프다.' 이제는 '손톱 밑 가시'[9]가 실현되어야 할 때이다.

5. 맺는 말

처음 한국사회학회에서 사회학 논문 대회를 개최한다는 소식을 접했을 때, 나는 다른 주제를 가지고 논문을 쓸 계획이었다. 이미 그 주제에 대해 사전 조사와 자료 검색을 마치고 논문을 쓰려고

---

8. 국회는 카드 가맹점에 대해 정부가 지정하는 수수료율 이상을 받지 못하도록 하는 내용의 여신 전문금융업법 개정안을 통과시켰다. 또한, 카드사가 업종, 규모별 가맹점의 수수료율을 차별화 하는 것을 막고, 영세 가맹점에 대해 금융위원회가 정하는 우대 수수료율을 적용하도록 했다. 출처 : http://m.blog.naver.com/jwp0111/120153771143.

9. "손톱 밑 가시"란 표현은 현 대통령이 후보자 시절 비공개로 진행된 간담회에서 김기문 중소기업중앙회장을 만나 처음 사용한 것으로 알려져 있다. '중소기업과 소상공인이 원하는 것은 큰 것이 아닌, 사소하지만 중요한 것'이라 말하며 '손톱 밑 가시'의 의미를 설명했다. 또한 김기문 중소기업중앙회장은 "손톱 밑 가시는 불공정, 불균형, 불합리라는 단 세 개의 문제만 해소돼도 상당 부분 해결된다."고 강조하며, 규제를 과감히 개혁하여 중소기업과 소상공인을 살리겠다는 현정부의 의지에 강한 믿음을 나타냈다. 출처 : 〈음식과 사람〉 '한국외식업중앙회가 뽑고 싶은 '손톱 밑 가시' 집중 해부', p.18의 내용을 요약하였음.

하는데, 그때 어머니의 한숨 소리를 듣게 된 것이다.

이 일로 나는 논문 주제를 바꾸었고, 바뀐 논문의 주제를 위해 새로운 자료 조사를 단행했으며, 어머니와 같은 자영업자들의 진솔한 이야기를 들을 수 있는 설문지를 작성하여 그 응답에 근거해 이 논문을 작성했다.

사실 외식업의 현황과 실태 그리고 해결 방안에 대해서는 이미 수많은 논문들이 있고, 나 같은 고등학생과는 비견할 수조차 없는, 이 문제를 해결할 수 있을 만한 힘을 가지고 있는 전문가들이 많이 있다. 또한, 조사한 32개의 설문지 표본에 근거해 내가 도출한 결론은 국내 외식업계라는 모집단의 대표성을 띠기도 어렵다는 것 또한 안다.

그럼에도 내가 이 주제를 끝내 고집한 것은, 그들을 살리기 위한 많은 정책들이 전문가들에 의해 입안되고 있을지 모르지만 아직까지 어머니와 어머니 주위의 많은 자영업자들은 더욱 더 심한 경영난에 시달리고 있고, 바로 옆에서 이러한 현실을 지켜보고 있는 나로서는 이들의 이야기가 알려지지 않는다면 현재 상황은 좋아지지 않을 것이라는 확신 때문이었다.

비록 내 논문에는 32명만의 이야기를 담고 있을지 모르지만, 나는 이러한 현실에 이분들만이 고난을 겪고 있는 것은 아닐 것이라고 생각한다. 한 번이라도 그분들의 목소리를 담은 자료들을 가지고 내 방식대로 이야기를 풀어 나가고 싶었다. 그렇기에 내 논문은 이들의 이야기를 대변하는 매개체 역할을 한다는 점에서 의의를 두고 싶다.

이로써 내 논문의 결말은 아직 없다고 감히 말하고 싶다. 앞으로 어머니 같은 소상공인을 위한 정책이 공표되고 개선되는 사회, 변화하는 사회가 그 해답이기 때문이다.

＊논문 자료를 구하기 위해 같이 두 발로 뛰어 주신 우리 엄마에게 감사의 인사를 드린다.

＊설문지에 진지하게 응답해 주신 서른두 분의 사장님들, 감사합니다.

▶참고 문헌
• 〈음식과 사람〉, 2013년 4월호, 한국외식업중앙회 편찬, 책자 표지 인용, p.14, 15의 삽화 인용.
• 〈월간 식당〉, 2011년 7월호, ㈜한국외식정보 편찬, p.93, 94, 95.
• 〈월간 식당〉, 2011년 1, 2월호.
• 2011. 10. 18. 〈아주경제〉, '음식업중앙회, '범외식인 10만인 결의대회' 개최'.
• 논문 〈외식 산업 활성화를 위한 사업 다각화 방안〉, 박형희 (주)한국외식정보.
• 32장의 설문지(이자경 제작).
• 네이버 블로그 http://m.blog.naver.com/jwp0111/120153771143(여신전문금융업법 개정안), 장면 2의 '범외식인 10만 인 결의 대회'는 한국외식업중앙회(www.foodservice.or.kr)의 '정보 제공-10만 인 결의 대회' 창에서 사실감을 위해 알맞게 변용, 부분 발췌하여 사용하였음을 밝힌다.

2회 대회 동상

지역 사회
고등학생들의
청소년 문화 기관
이용 증진 방안

포항제철고등학교 3학년
박정환, 이도혁, 이승준, 이은수

1. 문제 인식

"문화 활동은 집단 내에서의 동질감 증대, 지식의 축적 및 확장, 개인의 심리 표현 수단, 정체성 형성의 역할을 한다."

고등학교 2학년 사회문화 교과서 참조

위의 내용에서 알 수 있듯 수준 높은 교양을 갖추기 위한 학문이나 예술 활동인 문화 활동은 여러 가지 중요한 역할을 한다. 우리 '볼멘소리' 팀은 이러한 문화 활동의 중요성을 고려해 볼 때 자아를 형성하고 많은 지식을 습득하는 청소년기에 교양을 쌓을 수 있고 자기 개발에 도움을 줄 수 있는 바람직한 문화 활동이 필요하다고 생각했다. 그래서 어떻게 하면 고등학생이 더욱 손쉽게 바람직한 문화 활동을 할 수 있을까 고민해 보았다. 그 결과 시나 도에서 운영하는 청소년 문화 기관을 이용하면 고등학생들이 학교나 가정에서는 체험하지 못했던 다양한 문화 활동에 참여할 수 있다고 생각했다.

먼저, 청소년 문화 활동과 관련된 기관이나 프로그램을 인터넷과 지역 신문 등을 이용해 다 같이 찾아보았다. 찾아본 결과 두 개의 청소년 문화 기관이 포항시 내에서 운영되고 있음을 알 수 있었다. 그러나 이 기관들이 실제로 활성화되어 있는지에 대해서는 의문이 들었다. 그래서 주변의 친구들에게 청소년 문화 기관을 이용해 본 적이 있는지 물어보니, 문화 기관이 있다는 사실을 알기만 하거나 심지어 그것조차도 모르는 친구들이 많았다. 물론 이런 현상은 입시 체제라는 경쟁 속에서 문화생활을 즐긴다는 것이 시간 낭비로만 여겨지는 분위기 때문이기도 하다. 하지만 그것 이외에도 많은 이유로 고등학생이 문화 기관을 쉽게 이용하지 못하고 있다고 생각했다.

고등학생들이 문화 기관을 제대로 이용하지 못하는 원인을 심층적으로 분석하고 이러한 문제점들을 개선하기 위한 공공 정책이 필요하다고 생각하게 되었다. 우리 볼멘소리 팀은 이 문제에 대해서 조사해 보고 대안을 제시하기로 했다.

2. 문제 현황

2-1. 문제 현황 분석

우리는 문제 상황에 대한 이해를 위해 설문 조사를 실시하였다. 설문 조사는 포항시에 소재한 6개 고등학교(대동고등학교, 동지여자고등학교, 영신고등학교, 이동고등학교, 중앙여자고등학교, 포항제철고등학교) 357명의 학생들을 대상으로 이루어졌다. 이를 통해 문제 상황에 대한 심층적인 정보를 얻었고 객관적인 검증과 인식이 가능하게 되었다. 설문 조사를 통해 얻은 결과는 다음 〈자료 1〉, 〈자료 2〉와 같다.

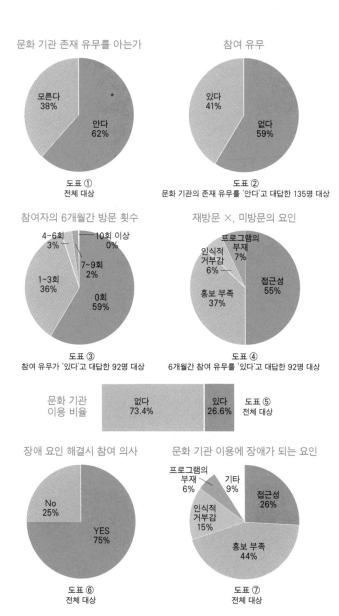

문화 기관 존재 유무를 아는가

모른다
38%

안다
62%

도표 ①
전체 대상

참여 유무

있다
41%

없다
59%

도표 ②
문화 기관의 존재 유무를 '안다'고 대답한 135명 대상

참여자의 6개월간 방문 횟수

4~6회
3%

10회 이상
0%

7~9회
2%

1~3회
36%

0회
59%

도표 ③
참여 유무가 '있다'고 대답한 92명 대상

재방문 ×, 미방문의 요인

인식적
거부감
6%

프로그램의
부재
7%

접근성
55%

홍보 부족
37%

도표 ④
6개월간 참여 유무를 '있다'고 대답한 92명 대상

문화 기관
이용 비율

없다
73.4%

있다
26.6%

도표 ⑤
전체 대상

장애 요인 해결시 참여 의사

No
25%

YES
75%

도표 ⑥
전체 대상

문화 기관 이용에 장애가 되는 요인

프로그램의
부재
6%

기타
9%

인식적
거부감
15%

접근성
26%

홍보 부족
44%

도표 ⑦
전체 대상

위 그래프에서도 알 수 있듯이 조사 대상의 2/3에 해당하는 사람들이 문화 기관의 존재를 알고 있지만(도표 ①), 참여로 이어지는 경우는 41%이다(도표 ②). 다시 말해 전체 조사 대상 중 문화 기관을 이용한 비율은 26.6%에 불과하다는 것이다(도표 ⑤). 또한 최근 6개월간 참여한 학생들의 방문 횟수에 나타나듯이 방문하지 않거나 3회 이하로 방문한 사람의 비율이 전체 방문자의 94.59%에 이르러, 참여를 하더라도 일회성에 그치는 활동이 대부분이라는 것을 알 수 있다(도표 ②, ③).

이에 대한 이유로는 시간 부족, 인식적 거부감, 고등학생들이 참여 가능한 프로그램의 부재 등이 있지만, 그중에서 접근성과 홍보 부족이 참여 부진의 가장 큰 요인으로 드러났다(도표 ④, ⑦). 그리고 이러한 장애 요인이 해결된다면 조사 대상의 3/4에 해당하는 학생들이 문화 기관에서 운영하는 프로그램에 참여할 의사를 드러냈다(도표 ⑥).

이러한 점으로 미루어 보아 우리 지역 고등학생들은 문화 기관을 이용하려는 의사는 있음에도 불구하고, 접근성과 홍보 부족 등의 문제로 문화 기관 이용에 어려움을 겪고 있다는 것을 알 수 있었다.

2-2. 문제 분석

(1) 접근성

지도에서 볼 수 있듯이 문화 기관은 포항 지역의 여러 고등학교

위의 지도는 경상북도 학생문화회관과 포항시 청소년수련관
의 위치, 포항시 5개 학교에서 문화 기관까지 가는 데 걸리는
시간을 나타낸다. 다음지도 'http://map.daum.net' 참조.

에서 상당히 멀리 떨어져 있다. 우리 볼멘소리 팀이 버스를 이용하
여 직접 문화 기관을 방문해 본 결과 1시간 12분이라는 긴 시간이
걸렸다. 이러한 문제뿐만 아니라 우리 지역에 위치한 두 개의 문화
기관이 모두 한 곳에 밀집되어 있다는 문제 또한 지역 학생들의 문
화 기관 이용에 장애 요인이 되고 있다.

(2) 홍보 부족

설문 조사 결과에서 볼 수 있듯이 홍보 부족은 학생들의 저조한
문화 시설 이용의 가장 큰 요인으로 드러났다. 프로그램에 대한 정
보 혹은 문화 기관의 존재 자체를 모르는 것은 문화 기관 프로그
램 참여를 근본적으로 차단하는 요인이 될 수 있다. 그러므로 적
극적인 홍보를 통한 정보 제공으로 문화 기관을 알리는 것이 무엇
보다도 시급하다.

(3) 인식적 거부감

볼멘소리 팀이 포항 시내 고등학교 학생들을 대상으로 청소년 문화 기관에 대한 생각을 물어본 결과, "갑갑하다. 너무 정형화된 느낌이다."(중앙여고 이○○, 18세), "고리타분하다."(대동고 장△△, 18세), "그냥 재미가 없을 것 같다."(동지여고 박□□, 18세) 등의 의견이 나왔다. 많은 학생들이 문화 시설에 대한 막연한 거부감을 느끼고 있음을 알 수 있었다.

(4) 문화 기관 프로그램 운영의 문제

현재 우리 지역 청소년 문화 기관에서 다양한 프로그램을 운영하고 있지만 고등학생들의 프로그램 참여율은 매우 저조한 상황이다. 이에 대한 문화 기관 차원에서의 원인은 다음과 같다.

첫째, 운영 시간상의 문제이다. 현재 실시되고 있는 프로그램 중 다수의 운영 시간이 고등학생들이 참여 가능한 시간과 일치하지 않는다. 이것은 고등학생들의 문화 프로그램 참여를 힘들게 한다.

둘째, 현재 문화 기관에서 운영하는 대다수의 프로그램들은 초중생들을 대상으로 한다. 이것은 사실상 고등학생에게 부여된 문화 활동의 기회가 상대적으로 적다는 것을 의미한다.

셋째, 고등학생에게 실질적으로 도움이 되는 프로그램이 없다. 고등학생들은 초중생들에 비해 적은 여유 시간을 가진 만큼 시간상 더 효율적인 프로그램을 원한다. 하지만 조사해 본 결과 그러한 프로그램은 없거나 극히 소수였다.

3. 대안 정책 및 공공 정책

3-1. 기존 정책 분석

우리 볼멘소리 팀은 공공 정책을 제시하기 전에 먼저 경상북도 학생문화회관과 포항시 청소년수련원과 같은 포항 시내 청소년 문화 기관에서 시행되고 있는 프로그램들을 조사, 분석했다. 대체로 체계적인 프로그램이 시행되고 있었지만 고등학생들이 이용하기에는 문제점들이 많이 발견되었다.

(1) 문화예술교실

경상북도 학생문화회관에서 운영하는 문화예술교실은 '토요문화예술교실', '방과후문화예술교실' 두 가지로 나눌 수 있다. 먼저 문화예술교실은 학기별로 인원을 모집한다. 신청은 인터넷을 통해 학교 단위로 한다. 각 프로그램은 하루에 두 시간씩 총 30시간으로 진행된다. 다양한 프로그램을 운영하고 있을 뿐만 아니라 수강비도 무료라는 장점을 가지고 있다.

그러나 고등학생들을 위한 프로그램이 없다는 것이 문제점이다. 대부분의 프로그램들 신청 대상이 초중생으로 한정돼 있어서 고등학생들은 대다수의 프로그램에 신청조차 할 수 없다. 토요문화예술교실 같은 경우에는 오전 10시에서 12시, 오후 1시에서 3시에 프로그램이 운영되기 때문에 주 5일제 수업을 하는 고등학생들이 어느 정도 이용할 수 있다. 하지만 방과후문화예술교실 같은 경우에는 주중에 운영되는데, 고등학생들이 수업을 마치면 대부분 5시가 넘어 버리므로 4시에서 6시까지 운영하는 프로그램의 시작에 맞춰 참여할 수가 없다.

(2) 1일 문화예술학교

'1일 문화예술학교'는 경상북도 학생문화회관에서 운영하고 있는 프로그램이다. 1, 2학기로 나누어 운영하고 신청은 학교 단위로만 받는다. 모집 대상은 초등학생부터 고등학생으로 고등학생도 참여가 가능하다. 다만, 신청이 학교 단위로 이루어져 개인이 참여하고 싶더라도 같은 학교에 신청자가 많지 않으면 프로그램을 이용할 수 없다는 단점이 있다.

22	**(오전)음악 줄넘기-초급** [VIEW]	학생 (초1~중3)	2012-09-01 ~ 2012-11-24	2012-08-21 ~ 2012-08-22	20 / 0	5 / 0	신청대기
21	**(오전)난타** [VIEW]	학생 (초3~중3)	2012-09-01 ~ 2012-11-24	2012-08-21 ~ 2012-08-22	20 / 0	5 / 0	신청대기
20	**(오전)사물놀이/가야금** [VIEW]	학생 (초3~중3)	2012-09-01 ~ 2012-11-24	2012-08-21 ~ 2012-08-22	20 / 0	5 / 0	신청대기

위 사진은 경상북도 학생문화회관에서 운영하는 토요문화예술교실 목록 중 일부이다. 사진에 나와 있듯이 고등학생은 신청 대상에서 빠져 있다. 다른 프로그램들도 마찬가지이다. 경상북도 학생문화회관 홈페이지(www.gbccs.kr) 참조.

(3) 문화예술동아리

'문화예술동아리'는 경상북도 학생문화회관에서 운영하고 있는 프로그램이다. 연초에 동아리 회원 신청을 받고 1년 단위로 운영한다. 동아리 종류로는 난타, 방송 댄스, 합창 등이 있다. 초등학생부터 고등학생까지를 대상으로 모집하기 때문에 고등학생들에게도 참여의 기회가 열려 있다.

3-2. 공공 정책 제안

(1) 이웃문화터

'이웃문화터' 정책은 문화 기관에서 운영하는 버스가 학교 인접 지역에 가서 학생들에게 문화 체험의 기회를 제공하는 정책이다. 버스는 지정된 학교나 그 인접 지역에 머물며 참여의 기회를 제공한다. 이 버스는 포항 시내의 일정한 곳을 돌면서 지속적인 활동을 하며, 운영 주기는 세 달이다. 운영 시간은 2시간씩 하루에 총 4회 진행하는 것으로 한다.

(2) 문화길잡이

문화 기관의 홍보를 목적으로 하는 프로그램이다. 6개월 단위로 포항 시내 각 고등학교에서 2명씩 '문화길잡이'를 선발하여 한 달에 한 번씩 모임을 갖는다. 문화길잡이는 문화 기관 체험 후 문화 길잡이 모임을 가지고 모임을 통해 팸플릿, 포스터, 동영상, 어플리케이션 등을 제작하여 거리와 학교에서 홍보를 한다.

(3) 문화 잡지

각 학교에서 2명씩 학교 기자를 모아서 한 학기에 한 번씩 개인

문화 체험, 학교 문화에 대한 감상 및 소개, 포항시의 문화에 대한 견해 등을 적어서 편집부에 제출하는 정책이다. 각 학교에서 특정 인원을 선발하여 구성된 편집부에서 잡지를 편집한다. 잡지가 만들어지고 나면 학교 홈페이지, 포항시 시립도서관 정보실, 각 학교 도서관 등에 비치하여 학생들이 쉽게 볼 수 있게 한다.

Q 이 정책의 장점과 개선할 점은 무엇입니까?

A 실효성도 있고 실현 가능합니다. 학생들이 직접 참여하여 만드는 문화 잡지가 창간되는 것은 매우 의미가 깊다고 생각합니다. 또한 타 학생들에게도 신선한 느낌으로 다가올 것입니다. 현재 운영되고 있지 않기 때문에 시행해 볼 만한 정책이며 많은 청소년들에게 손쉽게 문화 정보를 제공할 수 있을 거라 생각합니다. 다만 프로그램 개발 비용과 현실에 접목하는 과정에서 상당한 예산과 시간이 소요될 것 같습니다.

포항시 청소년수련원 인터뷰 참조

(4) 셔틀버스 운영

학교와 문화 기관을 연결하는 셔틀버스를 운영하는 프로그램이다. 각 학교에서 신청 인원을 받아서 운영하는 방식으로 시행된다. 주중에는 문화 기관 프로그램이 고등학교 수업이 마치기 전에 끝나기 때문에 신청 인원이 많지 않을 것이므로 주말에만 하루 두 번, 오전·오후로 나누어 운행한다. 현재 포항시 청소년수련원에서 부분적으로 시행되고 있으나, 포항시의 모든 학생들이 이용할 수 있게 각 학교와 연계해서 운영하는 것이 셔틀버스 정책의 핵심이다.

(5) 고등학생들의 실정에 맞는 프로그램 개발

고등학생들의 생활을 입시와 별개로 생각할 수는 없다. 청소년 문화 기관에서도 이를 고려하여 입시 준비에 지친 학생들의 심적 평안을 위해 쉬는 시간에 틈틈이 할 수 있는 스트레칭 프로그램, 명상을 통한 집중력 강화 프로그램 등을 개발해야 한다. 이러한 프로그램들은 문화 기관에 대해 느끼는 인식적인 거부감을 줄이는 효과를 줄 수 있어서 고등학생들의 자발적인 문화 활동 증진에 도움이 될 것이다.

4. 주요 공공 정책 안내

4-1. 이웃문화터

(1) 목적

우리 지역에는 다양한 문화 활동을 제공하는 청소년 문화 기관들이 있다. 그러나 현재 고등학생들은 먼 거리에 있는 문화 기관까지 찾아가 문화 활동을 즐길 만큼의 여유 시간을 가지고 있지 않다. 그래서 우리는 문화 기관이 학생들이 밀집한 지역으로 능동적으로 찾아가서 문화 활동의 기회를 제공하는 '이웃문화터' 정책을 고안하였다. 이 정책을 통해 고등학생들이 좀 더 가까운 곳에서 편리하게 문화 활동을 즐길 수 있을 것이다.

(2) 운영 방안

'이웃문화터' 정책은 다음과 같은 방법으로 시행된다. 먼저 포항시 북구와 남구에 각각 6개의 이웃문화터를 지정한다. 이때 문화터는 주변에 고등학교가 2개 이상 있거나 고등학생들이 자주 오가고, 주변 지역 주민의 소음 피해 발생을 최소화할 수 있는 곳이어야 한다. 이렇게 지정된 각각의 이웃문화터는 청소년 문화 기관이 준비한 2대의 버스가 북구와 남구에 한 대씩 배치되어 3달 주기로 방문한다.

(3) 기대 효과

이웃문화터 정책의 시행으로 지역 고등학생들 전체가 보다 쉽게 다양한 문화 활동을 누릴 수 있게 될 것이다. 또한 새롭고 신선한 문화 활동의 향유는 학생들의 창의성 발달과 그들이 미래에 문화 시민으로 성장하는 데에 도움이 될 것이다. 이와 더불어 이 정책을 통해서 우리 지역 학생들에게 보다 효과적으로 청소년 문화 기관을 홍보할 수도 있을 것이다.

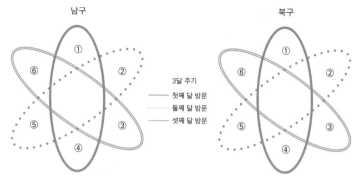

남구

북구

3달 주기
—— 첫째 달 방문
········ 둘째 달 방문
—— 셋째 달 방문

청소년 문화 기관의 버스들은 각 달의 첫째 주 토요일과 일요일에 남구의 이웃문화터와 북구의 이웃문화터 각각 두 곳씩을 방문한다. 예를 들어, 〈자료 5〉를 바탕으로 볼 때, 남구와 북구 각각 1월 첫째 주 토요일에는 이웃문화터 ①을, 일요일에는 이웃문화터 ④를 방문하고, 2월에는 이웃문화터 ②와 ⑤를 방문하는 식으로 운영된다. 한 달에 가장 멀리 떨어진 이웃문화터를 두 곳씩 들르는 이유는 문화 활동 기회를 지역별로 공평하게 제공하기 위해서이다. 버스는 하루 동안 이웃문화터에 머무르면서 11:00~13:00, 14:00~16:00, 17:00~19:00, 20:00~22:00의 총 4타임으로 문화 활동의 장을 마련한다. 문화 활동의 종류는 한 달에 한 프로그램씩 제공한다.

(4) 관련 인터뷰

Q 이 정책이 실효성이 있을 것이라고 생각하십니까?

A 네, 그렇습니다. 이 정책을 통해서 학생들의 문화 프로그램에 대한 접근성을 높여 줄 수 있을 것입니다. 또한 학생들에게 직접 다가가는 만큼 인식상 거부감을 줄일 수 있을 것입니다.

Q 이 정책의 장점과 개선할 점은 무엇입니까?

A 찾아가는 능동적인 서비스란 측면에서 큰 점수를 주고 싶습니다. 다만 시간상, 예산상의 문제가 해결되어야 합니다.

포항시 청소년수련원 인터뷰 참조

4-2. 문화길잡이

(1) 목적

현황 분석의 설문 조사에 제시되어 있듯이, 청소년들이 우리 지역의 문화 시설을 적극적으로 활용하지 못하는 주된 이유 중 하나가 시설에 대한 홍보 부족이다. 이는 기존의 방법이 학생들에게 문화 시설을 홍보하는 데 실질적인 도움이 되지 못했음을 의미한다. 이러한 상황을 궁극적으로 개선하기 위해, 학생들 스스로가 홍보의 주체가 되는 '문화길잡이' 정책을 고안하였다.

(2) 실행 방안

1. 문화길잡이 학생 선발 : 포항 지역의 각 고등학교에서 문화길잡이 두 명씩을 선발한다. 문화 기관에서 시행하는 청소년 문화 활동에 관심이 있는 학생들을 중심으로 선발하되 그들에게 문화길잡이 활동에 따른 봉사 시간을 부여하여 활동 참가를 권장한다. 활동 기간은 한 학기로 하고 다음 학기에는 새로운 문화길잡이를 선발하여 많은 학생들이 기회를 가질 수 있도록 한다.
2. 문화 체험 활동 : 선발된 문화길잡이 학생들이 경상북도 학생 문화회관이나 포항시 청소년수련원을 방문하여 그곳에서 시행되고 있는 문화 프로그램에 직접 참여해 본다. 특히 고등학

생들이 흥미를 가질 만한 프로그램에 중점적으로 참여하여 일반 고등학생들의 관심을 불러일으키는 데에 도움이 되도록 한다.

3. 문화 기관 홍보 자료 제작 : 월 1회 문화길잡이 모임을 가지고 문화 기관 홍보에 필요한 인쇄물, 영상 등을 준비한다. 팸플릿이나 포스터에 문화 기관을 홍보하는 내용을 담아 배포하거나 문화 체험 모습을 담은 UCC(사용자 제작 콘텐츠) 등을 제작하여 홍보 활동에 활용되도록 한다.

4. 홍보 활동 : 문화 기관의 프로그램을 체험해 본 문화길잡이들이 각자 자신의 학교에서 홍보 활동을 펼친다. 팸플릿과 포스터 등의 홍보물을 학교 곳곳에 게시하여 학생들에게 문화 기관의 존재를 알리고, 또한 홍보 영상을 보여 주어 다양한 문화 프로그램을 소개하고 관심을 갖게 한다. 문화길잡이들이 문화 체험을 통해 직접 보고 느낀 것을 친구들에게 직접 알려 주고 홍보하는 것이므로 홍보 효과가 클 수 있다.

5. 문화 기관 홈페이지 내 문화길잡이 페이지 개설 : 문화길잡이들이 정보를 공유하고 활동을 기록할 수 있는 커뮤니티 형태의 홈페이지를 개설하여 문화 체험과 홍보 활동의 결과와 느낀 점을 기록할 수 있도록 한다. 이를 통해 다음 학기의 문화길잡이들이 이전 자료를 참고해서 미흡했던 점을 보완하여 보다 효과적으로 홍보 활동을 할 수 있도록 한다.

(3) 기대 효과

기존의 홍보 정책들은 학생들에게 문화 기관에 어떠한 프로그램들이 존재하며 어떻게 참여할 수 있는지에 대해 형식적인 홍보밖에 하지 못했다는 점에서 한계가 있었다. 문화 기관 측에서도 각 학교에 공문을 발송하는 등 고등학생을 대상으로 하는 홍보 활동에 관심을 기울이고 있지만 학교 측의 협조가 미흡해 제대로 홍보가 되지 않고 있는 실정이다.

기존 홍보 정책에 비해 문화길잡이 정책은 문화 기관 이용 대상자인 고등학생들이 시설의 프로그램들을 직접 체험해 보고 주변 친구들에게 홍보하는 것이라는 점에서, 더 많은 고등학생들에게 문화 활동의 기회를 주는, 실효성 있는 홍보 정책이 될 수 있다. 문화길잡이들은 같은 고등학생으로서 학생들이 문화 기관 이용에 어려움을 겪는 이유도 잘 알고 있고, 그러한 문제점이 해결되기 위해서 어떤 해결책이 필요한지 실질적인 대안을 제시할 수 있기 때문이다. 또한 고등학생들도 충분히 이러한 문화생활을 즐길 수 있다는 것을 실제로 보여 줌으로써 문화 기관 이용이 자연스럽게 청소년들의 생활의 일부로 자리 잡는 데에 도움을 줄 것이다.

(4) 관련 인터뷰

Q 경상북도 학생문화회관의 홍보를 위해 학생들이 직접 문화 체험을 해 보고 이를 홍보하는 '문화길잡이' 정책을 생각해 보았는데

요, 이 정책에 대해 어떻게 생각하십니까?

A 본 문화회관에서도 우리 시설의 프로그램을 어떻게 홍보해야 할까 고민을 많이 하였고, 실제로 포항 시내 초등학교 교감 선생님들을 모셔서 문화 체험을 해 보도록 하여 큰 홍보 효과를 보았습니다. 또한 회관의 프로그램 내용을 공문으로 제작하여 각 학교에 배부하고 있으나 학교 측에서 학생들에게 적극적으로 이에 대한 내용을 홍보하지 않아 실효성이 크지 않습니다. 문화길잡이 정책이 학생이 주체가 되어 실행하는 홍보 활동이라는 점은 높이 평가하고 싶으나 현재 고등학생들의 공부에 대한 부담감 때문에 제대로 실행될 수 있을지는 의문입니다. 하지만 긍정적으로 검토해 보도록 하겠습니다.

경상북도 학생문화회관 인터뷰 참조

5. 실행 계획

5-1. 공공 정책의 필요성에 대한 여론 형성 활동

(1) 고등학생들의 관심 증진

우리 볼멘소리 팀이 이 문제점에 대해 자료를 조사하고 깊게 탐구하면서 느낀 점은 정작 이 문제의 당사자라고 볼 수 있는 청소년, 그중에서도 특히 고등학생들이 이 문제의 심각성을 제대로 인지하지 못하고 있다는 점이었다. 고등학생들에게 문화 시설 이용에 대한 적극적인 관심과 이해를 촉구하기 위해서 학교 게시판, 매점, 주거 시설 게시판 등 학생들이 쉽게 접할 수 있는 장소에 문화 기관에 대한 홍보 자료를 게시하는 것을 학교나 주거 시설에 문의할 예정이다.

또한 학생들은 인터넷 이용이 잦기 때문에 학교 홈페이지에 배너나 링크 등을 이용한 홍보를 하여 학생들의 관심을 촉구하는 방안도 효과적일 것이다. 이 방안은 학교 홈페이지를 총괄하는 선생님께 건의할 예정이다.

5-2. 정부 기관 및 공공 기관에 대한 정책 제안

(1) 포항시청 홈페이지에 정책 건의

우리의 정책을 정책 집행 당사자에게 알리기 위해 포항시청에서 운영하는 '시민 아이디어 공모'에 우리의 정책을 제안하기로 했다. 이 제도를 통해 우리가 제시한 정책이 널리 알려지고 더 나아가 시정에 반영될 수 있도록 하는 것이 목적이다.

(2) 문화 기관에 정책 건의

제안한 정책들이 시행되려면 이는 결국 문화 기관을 거쳐서 실현되어야 한다고 느꼈다. 그렇기 때문에 볼멘소리 팀은 경상북도 학생문화회관과 포항시 청소년수련원을 찾아가 문화 시설 관계자

분들에게 우리의 정책을 설명하고 제안해 보았다. 경상북도 학생문화회관에서는 문화예술부 업무를 총괄하는 도주완 문화예술부장님을 찾아가 인터뷰를 하면서 우리의 공공 정책을 설명, 제안하고여러 가지 조언을 들었다. 포항시 청소년수련원에서도 문화 프로그램을 담당하는 관계자 분께 우리의 공공 정책을 설명해드리고 정책의 실현을 위해 노력해 주실 것을 당부드렸다.

5-3. 영향력이 있는 인사 혹은 전문가에 대한 정책 건의 활동

(1) 포항시의회 의장 이칠구 의장님께 정책 건의

포항시의회 의장 이칠구 의장님께 우리의 정책을 설명하는 메일을 보냈다. 우리 팀이 만든 공공 정책을 소개, 제안하며 의장님께서 이 정책의 실현을 위해 노력해 주실 수 있도록 부탁드렸다. 현재 (8.27) 답변을 기다리고 있다.

(2) 제안한 정책들에 대한 전문가 의견 반영

우리가 제안한 정책에 대한 전문적인 견해를 듣기 위해 우리는건국대학교의 김준모 교수님(건국대학교 행정학과)께 메일을 보냈다. 현재(8.27) 교수님의 답변을 기다리고 있다. 답변을 주시는 대로지적해 주신 사항들을 반영해서 우리의 '지역 사회 고등학생들의청소년 문화 기관 이용 증진 방안' 정책을 보완, 개선할 생각이다.

2회 대회 동상

고등학교
상벌점 제도의
영향에 관한 연구

부산남고등학교를
중심으로

부산남고등학교 2학년 손일영

서론

1. 연구 동기 및 목적

요즈음 학교 사회에서 문제가 되는 이슈 중 하나가 바로 체벌 문제이다. 실제로, 내가 중학교에 다닐 때에는 잘못된 일에 대해서는 주로 체벌이 이루어졌고, 잘한 일에 대해서는 선생님들의 칭찬이 이루어졌다.

하지만 지금 내가 다니는 고등학교는 거의 체벌이 이루어지지 않으며, 그린마일리지 제도라는 것을 시행하고 있다. 그린마일리지 제도는 최근에 '학생과 교사의 상호 인권 존중, 그리고 학교를 법과 원칙이 지켜지는 공공 사회로 만들고, 자발적인 선행 활동이 넘치는 사회로 만들겠다.'라는 명분으로 새로 도입된 제도이다. 나는 학교 내에서 법과 원칙이 지켜지는 것, 자발적인 선행 활동이 넘쳐나는 것은 중요하다고 생각한다. 그런 생각을 한 후, 그린마일리지 제도가 시행된 학교와 시행되지 않은 학교를 모두 다녀 본 경험을 토대로 학생들의 행동을 머릿속으로 비교, 대조해 보면서, 이 제도가 과연 학교를 법과 원칙을 지키는 공공의 장으로 만드는 데에 큰 도움이 되는가, 학생들의 자발적인 선행 활동을 증가시키는가에 대한 의문이 들게 되었다.

그래서 나는 '그린마일리지 제도에 대한 부산남고 학생들의 의견을 수렴할 방법이 없을까?' 하고 의문을 던지다가 설문지 조사와 인터뷰 조사가 필요하다고 생각하였고, 최종적으로 학교를 법과 원칙을 지키는 사회로 만들고, 자발적인 선행 활동이 넘치는 사회로 만들겠다는 명분으로 도입된 이 제도가 실제로 부산남고 학생들에게 어떤 영향을 끼치는가에 대해 설문지 조사와 인터뷰를 통해 알아보기로 결정했다.

2. 용어 정리

그린마일리지 제도란, 중고등학교 생활 3년 또는 초등학교 생활 6년 동안에 발생할 수 있는 학생들의 상점, 벌점을 단위 학교별 구성원들이 합의된 학생 생활 규정 시스템에 따라 학생들에게 부여되는 상점, 벌점을 체계적으로 관리할 수 있고, 균형감 있는 교권과 학생 인권이 학교생활 규정에 반영되도록 과학적인 시스템을 지원해 주는 프로그램으로, 웹 환경의 그린마일리지 디지털 시스템[1]이다. 선행이란, 착하고 어진 행동[2]이다.

연구 설계

1. 연구 내용 및 방향

첫째로, 현재 그린마일리지 제도를 시행하고 있는 부산남고의 학생 1, 2학년을 대상으로 설문지를 작성하여 학생들의 이해도나 반

---

1. 네이버 지식백과.
2. 네이버 국어사전.

응을 알아본다.

둘째로, 모집단을 상점을 받아 본 사람, 벌점을 받아 본 사람으로 나누어 각각의 집단에 있어 그린마일리지 제도가 법과 원칙을 지키는 데에 있어 얼마나 영향을 끼치는지, 그린마일리지 제도가 자신의 좋은 행동에 얼마나 영향을 끼치는지에 대해 조사한다.

셋째로, 설문지법만으로는 심층적 분석이 어렵기 때문에, 부산남고 2학년 학생 중 상점 누계 현황이 높은 학생, 벌점 누계 현황이 높은 학생을 각각 1명씩 선별하여 인터뷰를 한다.

2. 연구 방법

가. 설문지법

부산남고 학생들의 그린마일리지 제도에 대한 이해도, 반응 그리고 영향을 객관적으로 알아보기 위해 설문을 통해 얻은 통계 자료를 활용할 것이다.

(1) 조사 대상 :
  부산남고 1학년 학생 70명, 2학년 학생 100명
(2) 조사 기간 :
  2013년 5월 6일~5월 16일
(3) 조사 내용:
  ① 그린마일리지 제도의 이해도

② 그린마일리지 제도의 반응

③ 그린마일리지 제도의 영향

나. 심층 면접법(인터뷰)

이 조사를 통해서 상점 누계 현황이 높은 사람, 벌점 누계 현황이 높은 사람들의 그린마일리지 제도에 대한 생각 차이나 공통점을 알아볼 것이다.

(1) 조사 대상:

① 부산남고 2학년 학생 중 상점 누적이 많은 사람 1명 선별

② 부산남고 2학년 학생 중 벌점 누적이 높은 사람 1명 선별

(2) 조사 기간:

2013년 5월 14일~2013년 5월 16일

(3) 조사 내용:

①의 면접자와 ②의 면접자에게 본인이 상벌점을 받은 이유나 받은 상황 등을 따로 질문하고, 공통적으로 그린마일리지 제도에 대한 생각과 그린마일리지 제도로 인해 생긴 자신의 선행 활동 증가 여부, 교칙 준수 의지에 대한 영향력, 그린마일리지 제도보다 더 좋은 방안에 대해 질문할 것이다.

설문 결과 및 분석

1. 그린마일리지 제도에 대한 이해도

학생들에게 그린마일리지 정의에 대한 이해도를 설문하였더니, 과반수 이상인 54.7%의 학생들이 정확히 알고 있거나, 알고 있다고 대답하였다. 그러나 그린마일리지 제도의 세부 항목에 대한 이해도를 설문하였더니, 상벌점을 받는 항목을 10개 이상 알고 있는 학생들이 13.1%에 불과하고, 상벌점을 받는 항목을 5개 이하로 알고 있는 학생들이 69.4%에 육박하였다.

그린마일리지 제도에 대한 이해도 설문 결과

	문항 내용	번호	합계	비율(%)
그린마일리지 제도의 정의에 대한 이해도	정확히 알고 있다.	①	18	13.2
	알고 있다.	②	57	41.6
	들어는 봤다.	③	44	32.1
	모른다.	④	7	5.1
	전혀 모른다.	⑤	11	8
	합계		137	100
그린마일리지 제도의 세부 항목에 대한 이해도	모두 알고 있다.	①	7	5.1
	10개 이상 알고 있다.	②	11	8
	6~10개 정도 알고 있다.	③	24	17.5
	1~5개 정도 알고 있다.	④	61	44.5
	전혀 모른다.	⑤	34	47.9
	합계		137	100

학생들은 그린마일리지 제도의 정의에 대한 이해도는 높지만, 세부 항목에 대한 이해도는 낮다고 볼 수 있다.

2. 그린마일리지 제도에 대한 반응

학생들에게 그린마일리지 제도의 찬반 여부를 설문하였더니, 긍정적인 응답의 비율이 37.3%이고, 부정적인 응답의 비율이 62.7%인 것으로 나타났다. 또한, 그린마일리지 제도의 공정성에 대한 반응을 설문하였더니, 긍정적인 응답의 비율이 37.2%이고, 부정적인 응답의 비율이 45.3%인 것으로 드러났다.

학생들은 대개 그린마일리지 제도에 대해서 관심이 없거나 부정적임을 알 수 있다.

그린마일리지 제도에 대한 반응 설문 결과

	문항 내용	번호	합계	비율(%)
그린마일리지 제도의 찬반 여부	찬성한다.	①	51	37.3
	반대한다.	②	25	18.2
	관심 없다.	③	61	44.5
	합계		137	100
그린마일리지 제도의 공정성에 대한 인식	충분히 공정하다고 생각한다.	①	9	6.6
	어느 정도 공정하다고 생각한다.	②	42	30.6
	별로 공정하지 않다고 생각한다.	③	33	24.1
	전혀 공정하지 않다고 생각한다.	④	29	21.2
	잘 모르겠다.	⑤	24	17.5
	합계		137	100

3. 상점의 경험 여부와 상점을 받은 이유

학생들의 70% 정도는 상점을 받아 본 적 있고, 상점을 받은 거의 대부분의 학생들이 봉사 활동, 선생님의 심부름, 성실한 수업 태도를 수행하여 상점을 받았다.

학생들의 상점 누계 여부 및 상점 이유 결과

	문항 내용	번호	합계	비율(%)
학생들의 상점 경험 여부	경험이 있다.	①	97	70.8
	경험이 없다.	②	40	29.2
	합계		137	100
학생들이 상점을 받은 주된 이유	성실한 수업 태도	①	56	57.7
	다른 학생을 도와주는 행동	②	7	7.2
	신고 활동	③	5	5.1
	선생님의 심부름	④	28	28.8
	봉사 활동	⑤	21	21.6
	기타	⑥	3	3.1
	합계		116	123.5

4. 벌점 경험 여부와 벌점을 받은 이유

학생들의 78% 이상이 벌점을 받아 본 적 있고, 그중 다수의 학생들이 두발 및 복장 위반 또는 지각, 조퇴 및 결석의 사유로 벌점을 받았다.

	문항 내용	번호	합계	비율(%)
학생들의 벌점 경험 여부	경험이 있다.	①	107	78.2
	경험이 없다.	②	30	21.8
	합계		137	100
학생들이 벌점을 받은 주된 이유	두발 및 복장 위반	①	42	39.2
	지각, 조퇴 및 결석	②	57	53.2
	학생들 간의 다툼	③	5	4.6
학생들이 벌점을 받는 주된 이유	음주 및 흡연	④	7	6.5
	선생님에 대한 불손한 언행	⑤	8	7.4
	기타	⑥	14	13.1
	합계		119	124

5. 그린마일리지 제도의 영향

약 60%의 학생들은 자신 또는 학생들의 자발적인 선행 활동 증가와 교칙 준수 의지 증가의 가장 좋은 방안으로 자신의 의지가 가장 중요하다는 답을 하였다. 이는 학생들에게 그린마일리지 제도를 실시하는 것이나, 체벌, 상담 등을 진행하는 것보다 학생들 자신 스스로의 의식이 더 중요하다는 것이고, 다시 말하자면 학생들은 자발적인 선행 활동 증가와 교칙 준수 의지 증가를 위해 다른 방안을 시행해도, 학생들 스스로의 의식이 바뀌지 않는 한 큰 영향을 끼치지 않을 것이라는 생각을 가지고 있다.

학생 스스로가 '자발적으로 선행 활동을 해야지', '교칙을 지켜야지'라는 의식을 가지고 있지 않다면, 그린마일리지 제도는 학생들에게 큰 영향을 주지 못한다.

그린마일리지 제도의 영향

	문항 내용	번호	합계	비율(%)
학생 본인의 선행 활동에 가장 큰 영향을 끼칠 수 있는 방안	그린마일리지 제도	①	18	13.1
	선생님의 칭찬	②	10	7.3
	물질적 보상	③	31	22.7
	자신의 의지	④	78	56.9
	기타	⑤	0	0
	합계		137	100
학생 본인의 교칙 준수 의지에 가장 큰 영향을 끼칠 수 있는 방안	그린마일리지 제도	①	21	15.3
	체벌	②	24	17.6
	상담	③	9	6.6
	자신의 의지	④	83	60.5
	기타	⑤	0	0
	합계		137	100
학생들의 교칙 준수 의지에 가장 큰 영향을 끼칠 수 있는 방안	그린마일리지 제도	①	16	11.6
	체벌	②	11	8.1
	상담	③	17	12.5
	학생들의 의지	④	89	64.5
	기타	⑤	4	2.9
	합계		137	100

인터뷰 내용 분석

1. 인터뷰 내용

가. 상점 누계 현황이 높은 학생 : A학생

Q1 본인의 작년 상점 누계 점수가 약 몇 점입니까?

A1 약 15점 정도 되는 것 같습니다.

Q3 상벌점 항목에 대해 구체적으로 알고 계십니까?

A3 어떤 활동을 하면 점수를 받는지는 알고 있지만, 모든 항목을 구체적으로 알지는 못합니다. 모든 항목을 구체적으로 알고 있는 사람은 별로 없을 것이라고 생각합니다.

Q4 상점을 받은 것 또는 상점이 본인이 다음에 할 수 있는 자발적인 선행 활동에 영향을 많이 끼치는 것 같습니까?

A4 저 같은 경우는 영향을 많이 끼치지 않는 편인 것 같습니다. 받으면 좋고 안 받으면 그만이라고 생각해서요. 받으려고 노력은 하지 않습니다.

Q7 상벌점 제도가 학생들의 교칙 준수 의지에 도움이 된다고 생각하십니까?

A7 별로 도움이 안 되는 것 같습니다. 매일 걸리는 사람 또 걸리고, 걸리는 것 또 걸리는 것 보니까 그런 생각이 듭니다.

Q8 상벌점 제도가 학생들의 자발적인 선행 활동에 도움이 된다고 생각하십니까?

A8 별로 도움이 안 되는 것 같습니다. 주위에 자발적으로 선행하는 사람을 본 적이 없어서요.

Q13 상벌점 제도에 대해 어떻게 생각하시는지 자유롭고 구체적으로 답변해 주십시오.

A13 대체적으로 만족하지만, 상점 받기는 어렵고 벌점 받기는 너무 쉬운 것이 아쉽습니다. 그리고 보상과 패널티를 확실히 해 주셨으면 좋겠습니다.

나. 벌점 누계 현황이 높은 학생 : B학생

Q1 본인의 작년 벌점 누계 점수가 약 몇 점입니까?

B1 약 20~25점 정도 되는 것 같습니다.

Q3 상벌점 항목에 대해서 잘 알고 계십니까?

B3 잘 모릅니다. 다수 학생이 본인이 그런 잘못을 해야 '이럴 때 벌점을 주는구나.' 하고 깨닫습니다. 저도 휴대폰 뺏기고 나서 교사

지시 불이행, 휴대폰 소지라는 항목의 벌점을 같이 받은 이후에 휴대폰이 걸렸을 때 교사 지시 불이행이라는 벌점 항목도 같이 받을 수도 있다는 것을 알았습니다.

Q4 벌점을 받고 난 후 본인이 같은 잘못을 반복하지 않으려는 의지가 많이 생기십니까?

B4 '안 해야지'라는 마음은 생기지만 실천에 잘 옮기지는 않는 것 같습니다. '다음에 하지 말아야지'라는 의지도 별로 많이 생기는 것 같지는 않습니다.

Q7 상벌점 제도가 학생들의 교칙 준수 의지에 도움이 된다고 생각하십니까?

B7 도움이 안 되지는 않겠지만, 별로 큰 도움은 안 되는 것 같습니다. 학생들 다수가 크게 잘못하지 않는 이상 '에이 그냥 벌점 받고 말지.' 하는 생각을 가집니다.

Q8 상벌점 제도가 학생들의 자발적인 선행 활동에 도움이 된다고 생각하십니까?

B8 많은 도움이 된다고 생각합니다. 학생들이 벌점을 상쇄시키려고 노력하는 경우도 많고, 상점을 받으려고 노력하는 경우도 많습니다.

Q13 상벌점 제도에 대해 어떻게 생각하시는지 자유롭고 구체적으

로 답변해 주십시오.

B13 한마디로, 상점 받기는 어려운데, 벌점 받기는 너무 쉬운 제도라고 생각합니다. 별로 공정하지 않다고 생각합니다. 지금보다 상점을 좀 더 많이 주고, 벌점을 조금만 적게 줘서 형평성을 맞춰 줬으면 좋겠습니다.

2. 인터뷰 분석

가. 상점 누계 현황이 높은 학생

① 그린마일리지 제도에 대한 이해도
그린마일리지 제도의 정의에 대한 이해도뿐 아니라, 세부 항목에 대한 이해도 또한 높다.

② 그린마일리지 제도에 대한 반응
자유 답변 부분에서 볼 수 있듯이 세부 항목이 상점 받기는 어렵지만, 벌점 받기는 쉬운 것 같기 때문에 공정하지 않다고 생각한다.

③ 그린마일리지 제도의 영향
상점을 받는 데에 큰 신경을 쓰지 않는 것으로 보아 자발적인

선행 활동 증가에 대한 영향은 미미하다고 볼 수 있다.

나. 벌점 누계 현황이 높은 학생

① 그린마일리지 제도에 대한 이해도
그린마일리지 제도의 세부 항목에 대한 이해도가 떨어진다고 볼
수 있다.

② 그린마일리지 제도에 대한 반응
자유 답변 부분에서, 상점 받기는 어려운데 벌점 받기는 너무
쉬운 제도라고 생각하고 있다. 지금보다 상점을 좀 더 많이 주고,
벌점을 조금만 적게 줘서 형평성을 맞춰 줬으면 좋겠다고 생각한
다.

③ 그린마일리지 제도의 영향
B학생이 어느 정도의 교칙 준수 의지는 생기지만 실천에 잘 옮
기지는 않는다고 말하는 것으로 보아 교칙 준수 의지에 큰 영향을
끼치지 못함을 알 수 있다. 하지만, 벌점을 상쇄하려고 많은 선행
활동을 하기 때문에, B학생이 자발적으로 선행 활동을 하는 데에
는 영향을 많이 끼친다고 볼 수 있다.

다. A, B학생의 응답 내용 비교 분석

(1) 공통점

① 그린마일리지 제도에 대한 이해도
A, B 두 학생 모두 그린마일리지 제도의 세부 항목을 정확하게
는 인지하지 못한다.

② 그린마일리지 제도에 대한 반응
A, B 두 학생 모두 그린마일리지 제도의 항목들에 대해서 공정
하지 않다는 반응을 나타내고 있음을 알 수 있다.

③ 그린마일리지 제도의 영향
두 학생 모두 그린마일리지 제도가 학생들의 교칙 준수 의지에
큰 영향을 끼치지 않을 것이라고 생각한다.

(2) 차이점

① 그린마일리지 제도에 대한 이해도
A학생은 세부 항목에 대한 내용을 구체적으로 알지 못하지만,
항목에 대한 이해도는 높다고 볼 수 있다. 반면, B학생은 벌점을
받고 나서야 항목의 존재 유무를 알게 되었다. 이걸로 보아 위의

두 학생 중 A학생이 그린마일리지 제도를 더 잘 이해하고 있다고 볼 수 있다.

② 그린마일리지 제도에 대한 반응

위의 학생들 중 A학생이 미미하게 그린마일리지 제도에 대해 긍정적인 반응을 보임을 알 수 있다.

③ 그린마일리지 제도의 영향

A학생은 자신의 선행 활동 증가 여부에 상점을 받는 것이 큰 영향을 끼치지 않는다고 생각하지만, B학생은 비록 목적이 벌점 상쇄이지만 학생들이 선행 활동을 하는 데 그린마일리지 제도가 영향을 끼친다고 생각한다. 이것으로 보아 위의 학생 중 A학생은, 상점을 받기 위해 선행 활동을 B학생보다 많이 하지 않는 반면에, B학생은 벌점 상쇄를 위해서지만, A학생보다 여러 가지 선행 활동을 더 많이 할 것이라는 결론을 내릴 수 있다.

결론

1. 요약

가. 설문 결과 및 분석 요약

① 그린마일리지 제도에 대한 이해도

부산남고 학생들은 그린마일리지 제도의 개념에 대해서는 인지하고 있으나, 구체적인 세부 항목에 대해서까지는 인지하지 못하고 있다.

② 그린마일리지 제도에 대한 반응

부산남고 학생들은 그린마일리지 제도에 대해 긍정적이기보다는 부정적이거나 무관심하다.

③ 그린마일리지 제도의 영향

부산남고 학생들은 모든 그린마일리지 제도의 영향에 관한 설문에서 자신 또는 학생들의 의지라는 답변 비율이 가장 높았다.

나. 인터뷰 내용 분석 요약

① 그린마일리지 제도에 대한 이해도

A학생(상점 누계가 높은 학생)은 이해도가 높은 편이고, B학생(벌점 누계가 높은 학생)은 낮은 편이다.

② 그린마일리지 제도에 대한 반응
두 학생 모두 그린마일리지 제도가 공정하지 않다고 생각한다.

③ 그린마일리지 제도의 영향
두 학생 모두 현재 부산남고에서 시행하고 있는 상벌점제가 본인의 또는 학생들의 교칙 준수 의지에 큰 영향을 끼치지 못할 것이라는 생각을 가지고 있다. A학생은 자신의 선행 활동에 상벌점제가 영향을 끼친다고 했고, B학생은 그렇지 않다고 했다.

2. 제언
설문지 조사와 인터뷰 조사를 해 본 결과, 결론적으로 부산남고 학생들은 현재 시행하고 있는 상벌점 제도에 부정적인 생각을 가지고 있는 것으로 나타났다. 이는 대체로 학생들의 이해도나 반응에 대한 결과와 일치한다고 볼 수 있다. 학생들은 그린마일리지 제도에 대한 개념 인식은 높다고 볼 수 있지만, 세부 항목 이해도는 낮다고 볼 수 있다.
항목을 정확하게 인식하지 못하는 학생들에게 벌점을 주게 되면 당연히 억울하다고 생각할 것이고, 공정하지 못하다고 생각할 것이다. 이런 부정적인 반응을 보이는 제도에 대해서 학생들이 교칙 준

수 의지와 자발적 선행 활동의 증가를 보일 리는 만무하다. 학생들은 벌점을 받을 때, 했던 잘못을 또 반복해서 받는 경우가 상당히 많다. 왜 그럴까? 바로 학생들은 잘못을 해서 벌점을 받았을 때 자신이 느끼는 교칙 준수 의지가 없고, 또 다른 이유로는 처벌이 약하기 때문이다.

그렇다면 하나의 방법이 있다. 바로 학생들에게 벌점을 마구 쏟아붓는 것이다. 예를 들자면, 지각했을 때 벌점을 20점, 30점씩 주는 것이다. 과연 이것이 학생들과 교사들이 모두 원하는 것일까? 그렇지 않다. 물론 처벌을 강화해야 하는 것도 맞다. 하지만, 우리는 좀 더 현실적인 방법을 모색해 볼 필요가 있다. 이유는 학생들의 자발적인 의지를 이끌어 내기 위해서이다.

첫째로, 상벌점 제도에 대한 이해도를 높여 주기 위해 다른 학교의 상벌점 제도 성공 사례나, 상벌점 제도의 장점 등을 홍보해야 한다. 예를 들면, OT를 실시한다든가, 홈페이지 안내 메인 화면에 상벌점 제도에 관한 내용을 기재한다든가. 물론 상벌점 제도에 관한 홍보가 학생들에게만 한정돼서는 안 된다.

교사들에게도 상벌점 제도에 관한 내용을 홍보해야 한다고 생각한다. 학생들이 상벌점 제도가 공정하지 않다고 생각하는 이유 중 하나가 어떤 선생님은 벌점을 주는데, 또 어떤 선생님은 벌점을 안 주는 것이기 때문이다. 학생들과 교사들이 이런 식으로 상벌점 제도를 더 잘 이해한다면 조금이나마 학생들은 상벌점 제도의 세부 항목을 공정하게 느낄 수 있을 것이다.

둘째로, 학생들의 상벌점 제도에 대한 인식을 바꾸기 위해서, 상벌점의 기준을 명확하고 공정하게 나누어야 한다. 학생들이 세부 항목에 대한 이해도가 낮고, 공정하지 않다고 생각하는 이유가 바로 상벌점의 기준이 명확하지 않고, 상점 받기는 어렵고 벌점 받기는 쉽다고 생각하기 때문이다. 우리는 상점이 산처럼 쌓여 있는 학생들을 거의 본 적이 없다. 이는 상점이 자신의 선행 활동 증가 여부에 영향을 끼치지 않거나, 상점을 주는 항목이 적다는 뜻이다. 상벌점 제도가 공정하지 못하기 때문에, 학생들의 이 제도에 대한 신뢰도는 낮아질 수밖에 없다.

마지막으로, 학생들에게 상벌점 제도가 많은 영향을 끼치기 위해서, 벌점을 받았을 때의 처벌을 강화해야 한다. 앞서 말했듯, 학생들은 '에이 그냥 벌점 받고 말지.' 하는 생각을 가지고 있다. 그런 학생들의 특징은 바로 벌점이 산처럼 쌓여 있다는 것이다. 친구들이 흡연하러 갈 때, 대부분 이런 이야기를 한다. "괜찮다, 별 말 안 한다. 벌점밖에 안 준다." 이는 학생들이 벌점을 받아도 큰 처벌을 받지 않기 때문에, 벌점 받는 일을 시시한 일로 생각하는 것이다. 따라서 처벌 규제를 강화하여 학생들의 상벌점 제도에 대한 영향을 증가시켜야 한다.

학생들이 교칙을 준수하거나, 선행 활동을 하는 데 대부분 자신의 의지가 가장 중요하다고 하였다. 아마 스스로의 의식이 바뀌지 않는 한 어떤 제도를 도입해도 학생들의 교칙 준수 의지에 큰 영향을 끼치지 못할 것이다. 하지만, 그런 의식이 스스로 형성되지는 않는다. 형성된다 할지라도 행동에 옮기지 않는다. 그래서 의지 형성에 도움을 주는 방안을 계속 도입하는 것이다.

하지만 현재 시행하는 상벌점 제도는 의지 형성에 도움을 많이 주지 못하는 것 같다. 그렇기 때문에, 나는 다른 방안보다는 상벌점 제도에 대한 심층적인 고찰이 필요하다고 생각한다. 이런 고찰을 통해 상벌점 제도가 변화한다면, 학생들과 교사에게 상벌점 제도의 좋은 인식은 확산되고, 학생들은 제도를 신뢰하게 된다. 그래서 상벌점 제도를 지키고자 하는 의지는 증가되고, 최종적으로 상벌점 제도는 학생들에게 많은 영향을 끼칠 수 있다.

청소년 문화에서의 하이티즘Heightism을 통해 본 사회 불평등 현상의 이해

경기외국어고등학교 3학년 박형준

1. 서론

인간의 키는 인종이나 시대적 배경에 따라 차이를 보이며 변화해 왔고, 키에 대한 관심과 큰 키에 대한 열망은 인류의 보편적 관심사였다.[1] 하지만 오늘날 한국 사회에서는 외모 지상주의의 여파로 다른 나라들에 비해 큰 키에 대한 집착이 유독 강해 키를 키우기 위해서는 부모 아이 할 것 없이 수단과 방법을 가리지 않는다.

결국, 키에 대한 집착이 강한 한국의 사회·문화적 분위기에서, 키는 사람을 판단하는 데 우열의 기준이 되는 독특한 요인으로 자리잡았고, '하이티즘Heightism'[2]이라는 신조어도 생겨났다. 이는 단순히 키가 외모 지상주의 사회의 단면만을 보여 주는 것이 아니라 그로 말미암은 사회 불평등 현상의 전체적인 모습을 보여 준다는 것을 알게 해 준다.

하지만 키에 대한 차별은 인종 차별과 사회적 소수자 차별 등과 같은 공식적인 '차별'의 범주에 속하지 않아 한국에서 공론화된 적이 전무하고, 서방 국가들처럼 하이티즘에 대항해 활발한 논의와 운동을 전개하고 있는 것도 아니다.[3]

---

1. 〈키조차도 경쟁으로 여기는 사회〉, 매일경제신문 2011년 3월 9일자.
2. 키에 기반을 둔 차별의 한 형태.
3. 한 예로, 미국의 '키 작은 사람들을 지지하는 모임(Short Person Support)'이라는 웹사이트는 하이티즘에 대한 활발한 논의와 운동을 전개하고 있다.

2. 본론

하이티즘의 배경

(1) 하이티즘이란?

하이티즘이란 키에 기반을 둔 차별의 한 형태로, 원칙적으로 키 차별은 키가 너무 크거나 작은 사람들에 대한 불공정한 처우를 의미한다. 하이티즘은 사회학자 사울 펠드먼(Feldman, 1971)에 의해 생겨난 신조어인데, 펠드먼은 미국 사회의 하이티즘을 분석한 논문을 통해 인종주의나 성차별과 동등한 새로운 유형의 차별로 하이티즘의 존재를 주장했고, 하이티즘으로 인해 같은 조건에서 사람을 볼 때 키가 큰 사람이 키가 작은 사람보다 경제적으로 성공할 확률, 성공적인 결혼을 할 확률, 사회적으로 인정받을 확률 등이 높다는 것을 발견해 냈다. 하이티즘에 대한 펠드먼의 연구는 차별의 피해자들은 인식하고 있었으면서도 공식적으로 논의하지 않았던 문제를 사회적으로 제기하는 데 기여했다.[4]

(2) 한국 사회의 키에 대한 접근

과거 농업 중심의 전통 사회에서는 대부분 농사를 짓거나 목축을 하는 등의 육체 노동이 중시되어 생산성을 높일 수 있는 건장

---

4. 〈신자유주의 한국 사회의 키 담론 연구〉, 박소연, 2011, p.17.

한 신체는 남성들에게 필수 요건이었다.

하지만, 개화기로 접어듦에 따라 한국의 키에 대한 인식은 크게 변화하였고, 이는 조선이 1880년 이후 적자생존의 법칙을 바탕으로 제국주의의 침략을 합리화하는 데 이용되었던 '사회 진화론'을 적극 수용한 것이 그 원인으로 간주된다. 한국이 일본과 강제 병합된 을사조약을 전후해 일본의 내정 간섭이 심해지자, 국정을 개혁하고 국권을 수호하려 했던 애국 계몽 운동가들은 일본의 식민지가 되어 가는 까닭을 국민이 무지하고 나라가 약하다는 것으로 인식해 '사회 진화론'을 본격적으로 받아들였다. 또한, 이들은 서방 국가들을 모태로 교육과 산업을 일으켜 국권을 회복하자고 주장하였다.[5]

이러한 지향점 아래 비로소 근대식 체육 교육의 도입이 시작되었고, 건장한 신체는 외세의 침략에 대응하는 데 중요한 요건으로 작용했다.[6] 이후, 개화기가 점차 무르익어 감에 따라 조선인들은 서구적 가치관을 받아들여 신체에 대한 시각은 점점 서구화되었고, 미군정 시기(1945~1948)에는 미국의 영향을 크게 받으며 서구적 시각은 더욱 확장되었다. 이후 1970~1980년대 박정희 대통령 시기의 군부 정권이 이루어 낸 급속한 경제 성장으로 한국 사회에 경제적 서열화가 나타나면서 '서열 매기기' 사회 풍조가 등장하기 시작했다.

---

5. 《고등학교 한국사》, 비상교육, p.192.
6. 〈개화기 학교 운동회의 전개 과정과 사회 문화적 기능에 관한 연구〉, 송주호, 2009, p.13.

더 나아가, 이러한 풍조는 한국이 3차 산업 중심의 사회로 발전하면서 대중 매체에 의해 확산되었다. 오늘날에는 서열 매기기 사회 풍조가 여러 세대들 중 특히 대중 매체의 영향을 받기 쉬운 청소년 세대들에게 영향을 끼쳤다. 이에 따라 청소년들의 외모에 대한 관심은 증가했고, 점점 서구식 외모와 체형을 이상적 기준으로 삼게 되었다.

하이티즘과 사회적 불평등

(1) 청소년들의 키에 대한 인식과 하이티즘

하이티즘에 대해 앞서 제시한 사회적 배경을 바탕으로, 그 동안 제대로 논의되지 못했던 한국 사회의 '청소년'들에게 가해지는 키에 관한 차별의 유형을 알아보기 위해 경기외국어고등학교 학생 200여 명을 대상으로 설문 조사를 실시하였다.

키 때문에 스트레스를 받은 적이 있나요?

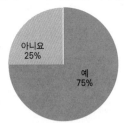

아니요 25%

예 75%

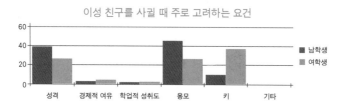

이성 친구를 사귈 때 주로 고려하는 요건

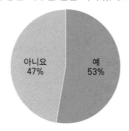

키 때문에 언어적, 신체적으로 폭력을 당하거나
부당한 대우를 받은 적이 있나요?

그렇다면 도대체 청소년들 사이의 하이티즘은 어떠한 과정을 통해 일어나고, 이러한 현상을 설명하기 위해 주목해야 할 요인은 무엇일까?

(2) 하이티즘으로 인한 차별 유형과 원인 분석

앞서 실시한 설문 조사의 결과를 바탕으로 청소년들 사이의 하이티즘으로 인한 차별 유형을 알아보고 그에 대한 원인을 심층적으로 조사해 보기 위해 경기외국어고등학교 남학생들에게 미리 양해를 구하고 면접을 실시하였다.[7]

---

7. 경기외국어고등학교에서 키가 160cm 이하인 남학생들과 키가 180cm 이상인 남학생들을 대상으로 면접을 실시하였다.

저는 어렸을 때부터 키가 잘 크지 않아서 고민을 많이 했어요. 초등학교 때 키 순서대로 조회를 설 때면 정말 싫었지만 항상 1번으로 맨 앞에 섰어요. 처음에는 굉장히 불쾌했는데, 학교 행사 할 때마다 맨 앞에 서고 귀에 딱지 앉도록 별명이 불리다 보니까 저절로 '아, 나는 키가 작구나.' 하고 받아들이게 됐어요.

중학교 때는 반 남학생들 평균 키가 170cm에 육박했던 적이 있었는데, 제가 또래 친구들에 비해 키가 많이 작다 보니 초등학교 때와는 달리 상대적으로 키가 큰 친구들에게 언어 폭력도 당하고 자주 무시를 당했어요. 학교 체육 시간에는 항상 수행 평가에서 최하점을 받았고, 체육 선생님께서는 제가 계속 낮은 점수를 받으니까 나중에는 제대로 보시지도 않고 최하점을 주시더라고요. 학교 생활을 하는 동안 자주 우울해졌고, 학교 생활이 싫었어요.

기분 전환을 하려고 텔레비전을 볼 때면 항상 키 큰 연예인들이 나와서 좌절감만 높이고, 언젠가는 인터넷에 어떻게 하면 키 작은 남자가 재미있는 학교 생활을 할 수 있는지 검색도 해 봤는데 별다른 방법은 없고 그저 키 크는 방법만 알려 주더라고요. 제가 원한 건 키 크는 방법이 아니었는데…… 텔레비전이나 인터넷 공간에서도 학교와 다를 바 없이 키 큰 사람을 더 선호하는구나 했죠.

그래도 고등학교에 올라와서는 저랑 비슷한 키를 가진 친구가 몇 명 생겨서 그 친구들하고 자주 어울려 지내요. 그 친구들도 보면 대부분 저랑 비슷한 성장 과정을 거친 애들이에요.

경기외국어고등학교 2학년 송○○

저는 저희 집에서 가장 키가 커요. 학교에서도 키가 큰 편에 속하고, 저는 키 크기 위해 별다른 노력을 하지 않았는데도 저절로 컸어요. 말하기 부끄럽지만, 초등학교 때부터 또래 친구들에 비해 키가 커서 여자아이들에게 인기도 많았고 친구들이랑 항상 사이 좋게 지냈어요. 동성 친구들이랑 아주머니들께서는 뭘 먹어야 이렇게 크냐고 많이 부러워하셨어요.

이런 경험들 때문에 자신감도 생겨서 중학교 올라와서는 반장도 많이 해 보고 전교 회장도 했었어요. 고등학교 때는 선배님들께서 정말 잘해주셔서 원하는 동아리도 다 들어가 보고……

제 생각엔 이게 다 키 덕분인 것 같아요. 제가 키는 남들에 비해 커서 친구들이 듬직해 보인다고 해요. 정말 큰 키에서 나온 자신감이나 활발한 성격 덕분에 지난 몇 년 동안 거의 아무런 걱정 없이 산 것 같아요.

경기외국어고등학교 3학년 최○○

면접 내용을 종합해 본 결과, 결정적으로 '학교, 또래 집단, 대중 매체'라는 세가지 측면에서 청소년 사이에서 일어나는 하이티즘의 원인을 찾을 수 있었다. 이들의 공통점은 사회화 기관으로, 사회화란 사회적 상호 작용을 통해 한 사회의 가치를 내면화하는 과정을 일컫는 말이다.[8]

---

8. 《고등학교 사회문화》, 금성출판사, p.53.

2-1. 학교

먼저, 학교는 지속적이고 체계적으로 교육을 담당하는 사회화 전문 기관으로, 아동기부터 청소년기까지 큰 영향을 끼친다. 학교는 체계적인 프로그램을 통해 전문화된 지식과 기술 등을 가르치며, 공동체 생활을 통해 협동과 경쟁, 질서 의식 등도 학습시킨다.[9]

이렇게 체계적인 프로그램을 통해 사회화를 수행하는 학교는 청소년들의 하이티즘을 어린 나이에서부터 고착화시키는 데 중추적인 역할을 한다. 앞서 언급했듯이, 한국의 급속한 경제 성장과 함께 등장한 '서열 매기기' 사회 풍조는 학교에서도 나타났고, 이는 학교의 '키 순서 규칙'으로 대변된다. 몇몇 학생들을 대상으로 면접을 시행한 결과, 아침 조회, 단체 사진, 운동회, 학예회 등 키가 작은 사람부터 맨 앞에 서게 하는 학교 시스템은 성장기 학생들의 키를 통한 정체성의 형성과 유지에 큰 영향을 끼친 것으로 나타났다.

2-2. 또래 집단

다음으로, 또래 집단이 하이티즘에 끼치는 영향력도 간과할 수 없다. 아이들은 어린 시절 점차 성장하면서 가족의 테두리를 벗어나 같은 연령의 친구들을 만나게 되는데, 이 과정에서 자연스럽게 집단 생활의 규칙이나 질서 의식을 학습하게 되고 서로의 행동 발

9.《고등학교 사회문화》, 금성출판사, p.56.
10.《고등학교 사회문화》, 금성출판사, p.57.

달에 영향을 준다. 특히, 청소년기에는 또래 집단의 결속력이 강해지며 그들만의 문화를 형성하면서 자아 정체성을 형성하는 데 중요한 영향력을 행사한다.[10]

특히, 키와 관련된 별명은 청소년 문화 속에서 개인의 위치를 규정하게 만들고, 때로는 개인이 속하게 되는 집단을 결정하기도 한다. 또한, 아직 사회적 계급이 고착화되지 않은 성장기 남자아이들에게 명확한 집단 구분 기준이 존재하지 않아 가장 시각적으로 구분이 가능한 키는 힘의 서열을 만들어 하이티즘을 초래하는 원인이 된다.

2-3. 대중 매체

마지막으로, 신문, 방송, 인터넷과 같은 대중 매체도 현대 사회에서 사회화에 큰 영향을 끼친다. 개인들은 이를 통해 시대의 변화를 인식하게 되고 급속하게 변화하는 사회의 새로운 정보를 획득하는데, 현대인의 정보는 대중 매체에 의해 습득한 것이 대다수라고 해도 과언이 아닐 정도로 대중 매체는 현대인의 사회화에 지대한 영향을 끼친다.[11]

하지만, 앞서 밝혔듯이, 대중문화의 상업성은 '서열 매기기'의 사회적 풍조를 이용하여 현대 사회의 그릇된 외모 지상주의 풍조를 새롭게 만들어 냈고, 이는 대중 매체가 제공하는 정보에 대한 수

11. 《고등학교 사회문화》, 금성출판사, p.57.
12. http://blog.naver.com/cliometrics/150091954058.

용이 빠른 청소년 문화에 큰 영향을 끼쳤다. 대중 매체에 주로 등장하는 연예인들은 훤칠한 키로 대중들의 눈을 사로잡고, 대중 매체에 자주 등장하는 키 관련 클리닉이나 키 수술에 대한 광고는 키 작은 사람들에 대한 사회적 압박이 얼마나 심각한지 보여 준다.[12]

특히, 청소년 문화는 대중 매체의 영향을 받아 충동적이고 소비 지향적인 성격을 띠기 때문에 대중 매체가 만들어 내는 큰 키에 대한 긍정적 이미지와 작은 키에 대한 부정적 이미지는 청소년들 사이에서 일어나는 하이티즘의 결정적 원인이 된다.

3. 결론 및 제언

우리나라는 지난 몇 년간 평균 키가 꾸준히 자랐는데, 국민들의 평균 키가 증가함에 따라 사람들 간 키의 편차는 커졌고, 현대 사회의 키로 인한 불평등과 차별은 더욱더 심화되었다. 오늘날 한국 사회의 키는 '서열 매기기'의 중요한 요소 중 하나로 자리 잡았는데, 왜 한국 사회에서 성차별이나 인종 차별에 대한 논의는 활발하게 진행되고 있는 데 반해 하이티즘에 대한 논의는 제대로 이루어지고 있지 않은지에 대한 궁금증으로 논문을 시작하였다.

하이티즘은 유전적·선천적인 특징에 대한 차별로 성차별, 인종 차별 등과 같이 우리 사회에서 반드시 고쳐져야 하는 문제이다.

'키'라는 단편적인 요소로는 개인의 무한한 잠재력을 판단할 수 없다. 그런 의미에서 키와 관련된 사회적 차별을 종식시키는 것은 단순히 피해자에 대한 배려를 넘어 무궁무진한 잠재력을 지닌 인적 자원의 효과적인 분배를 막는 장애물을 제거한다는 점에서 반드시 이루어져야 한다.

특히 하이티즘의 종식은 현대 사회의 문화 변동을 이끄는 주역으로 등장할 청소년들에게 필수적인데, 이를 위해 하이티즘에 대한 논의는 다른 유형의 차별과 마찬가지로 사회적으로 공론화되어야 한다. 청소년들 또한 대중 매체를 통한 무분별한 문화 수용 태도를 버리고 비판적 의식과 성찰적 의식을 모두 함양하여 청소년 스스로 사회·문화적 정체성을 확립시켜야 한다.

▶참고 문헌
• 《현대 사회학 이론》, 앤서니 기든스.
• 《키는 권력이다》, 니콜라 에르펭.
• 〈신자유주의 한국 사회의 키 담론 연구〉, 박소연.
• 〈개화기 학교 운동회의 전개 과정과 사회·문화적 기능에 관한 연구〉, 송주호.
• 《고등학교 사회문화》, 금성출판사.
• 《고등학교 한국사》, 비상교육.
• 위키피디아 https://ko.wikipedia.org.
• 기타 각주에 달린 신문 기사, 블로그 글들.

제5회 전국 고등학생 사회학 에세이 및 논문 대회 개최 개요
"사회학적 상상과 글쓰기"

Ⅰ. 주제 및 형식

1. '사회학적 상상과 글쓰기'

   고등학생이나 청소년을 둘러싼 일상의 현실이나 사회의 문제를 객관적 관점에서 기술. 예를 들어,

   - 고등학생들의 상식적인 행동이나 생각을 사회적 원인과 결과로 연결 짓기
   - 우리나라의 특정한 사회적 현상(예:학벌 경쟁, 90년대 대중문화의 재유행 등)의 사회적 원인과 결과 따져 보기
   - 현재 우리나라의 사회적 관계(예:부부 관계, 부모/자식 관계, 학교 선후배 관계 등)가 30년 전과 비교해서 달라진 점과 원인 찾기
   - 우리나라 제도나 문화를 다른 나라의 것과 비교하거나, 전자가 후자에 영향을 끼치거나 영향을 받는 과정 따져 보기
   - 우리나라의 교육과 사회의 '근본적인' 문제점을 분석하고 개선 방안 모색하기
   - 타 일상의 문제들이나 현상들을 객관적이면서도 독창적인 관점에서 토론하기

2. 형식

   - 에세이 또는 학술 논문 모두 가능하며, 심사에 유리한 형식은 없음
   - 작성 방법:본 대회 '원고 작성 요강' 및 지난 대회 '수상작 목록' 참조

   (한국사회학회 홈페이지 http://www.ksa21.or.kr ⇒ 전국 고등학생 에세이·논문 대회)

Ⅱ. 응모

1. 참가 자격

   - 대한민국 고등학교에 재학 중이거나 고등학생 연령에 해당되는 모든 청소년

     (그룹 논문은 4인까지만 가능)

2. 참가비:30,000원

- 생활 보호 대상자 및 차상위 계층 또는 기타 경제적 이유로 인한 교사의 추천서 첨부로 면제 가능
3. 응모 기간 : 2016년 6월 셋째 주, 토요일 24:00까지
4. 응모 절차
- 원고는 전자 파일로 작성
- '대회 참가 신청서' 양식을 본 대회 홈페이지에서 내려받아 작성 후 원고와 함께 soc.essay.submit@gmail.com 전송
- 우리은행, 1005-101-746110(예금주 : 사단법인한국사회학회)으로 참가비 입금 후 접수 확인증 수령(전자우편 전송)

Ⅲ. 대회 진행 일정

1. 1차 부정 응모 심사 : 응모 마감 후 2016년 6월 마지막 주 토요일까지
- 표절이나 대필 등 부정 응모 심사는 모든 심사 단계에서 실시됨
- 부정 응모가 적발될 경우, 응모 자격을 박탈하고 소속 학교에 통보함
- 표절 의혹 회피를 위한 인용 준칙은 본 대회 인터넷 홈페이지 '원고작성 요강' 참조 또는 담당 사회과 선생님께 문의
2. 2차 예선 심사 : 1차 심사 후 2016년 7월 중
- 전문가 복수 심사(심사 기준은 본 대회 홈페이지 참조)
3. 3차 본선 면접 심사 대상자 통보 : 2016년 7월 말~2016년 8월 초
- 해당자에게만 통보
4. 3차 본선 면접 심사 : 2016년 8월 중
- 전문가 복수 심사 및 순위 확정

Ⅳ. 시상 범위

- 수상자 확정 및 통보 : 면접 심사 후 2주 내(8월 말까지)
- 시상식 및 수상작 발표회 : 세부 일정 및 장소 추후 통보
- 수상작은 차후 단행본 형태로 발간될 예정임
- 대상 1명, 금상 3명(한국사회학회장상), 은상 5명, 동상 ○○명

'사회학적 상상과 글쓰기' 원고 작성 요강

I. 원고 작성 방법

1. 개인 논문은 표지, 참고 문헌, 표, 사진 혹은 그림 등을 제외하고 A4용지 8매 이내로 작성한다.

2. 그룹 논문(4인까지)은 표지, 참고 문헌, 표, 사진 혹은 그림 등을 제외하고 A4용지 16매 이내로 작성하며, 표지에 개별 참가자의 기여도를 명시한다.

3. 8매/16매의 분량 제한은 약간의 유연성을 허용한다. 즉 개인 논문의 경우는 9매, 그룹 논문의 경우는 18매 정도까지는 작성 지침을 위반하지 않는다고 간주한다. 분량 제한은 순수하게 본문 내용만을 대상으로 한다.

4. 본문의 내용과 걸맞지 않는 분량의 표, 사진 혹은 그림의 사용은 자제하도록 한다. 즉 표, 사진, 그림 등은 적재적소에 간결하게 활용해야 한다(예: 8장의 본문 내용에 7장의 표와 그림은 적절하지 않은 구성으로 간주한다).

5. 기본 작성 지침은 아래와 같다.
   - 글꼴 및 글자 크기:휴먼명조 10pt, 각주와 인용 문단 9pt
   - 본문 줄 간격:160%
   - 쪽 여백:좌·우 각 3cm, 위 2cm, 아래 1.5cm, 머리말·꼬리말 각 1.5cm

II. 독자성과 진실성

1. 글을 작성할 때에는 원칙적으로 자신 스스로의 관찰 및 착상을 기반으로 하여 자신의 독자적인 문장으로 표현해야 한다.

2. 자신의 독자성에서 벗어나지 않는 범위 내에서 타인의 착상, 연구 자료 및 문장을 부분적으로 사용할 수 있다(여기에는 도표, 그림, 사진을 비롯하여 공신력 있는 인터넷 자료도 포함된다). 이 경우, 해당 부분 뒤(도표, 그림, 사진은 아래쪽)에 정확한 출처 표기 또는 따옴표의 인용 표시를 통하여 반드시 그 사실을 명시적으로 밝혀야 한다. 인터넷 자료는 해당 주소 뒤에 검색일을 괄호 안에 표시한

다(담당 사회과 교사에 문의).

3. 대회 참가자는 표절 의혹의 문제를 사전에 예방할 수 있도록 최대한 노력해야 하며, 의도적 표절 및 무지에 따른 표절 모두 학술적 규약과 사회적 규약을 심각하게 훼손하는 비윤리적 행위임을 충분히 인식하고 있어야 한다.

Ⅲ. 에세이와 논문의 형식 이해

1. 에세이 또는 논문 중에서 자신이 작성할 글의 성격에 대한 명료한 이해가 필요하다. 일반적으로 에세이에서는 의외성과 주관성이 강조되며, 논문에서는 규칙성(법칙성)과 객관성이 중시된다. 따라서 자신의 글에 대한 나름의 생각이 분명해야 말하려는 내용을 잘 전달할 수 있다. 조금 더 상세히 말하면,

(1) 제목은 무거운 논문 투로 정하면서 내용은 지극히 에세이적인 논문은 읽기에 혼란스러울 수 있다.

(2) 그렇다고 해서 반드시 에세이 제목은 '가볍고', 논문 제목은 '딱딱해야' 함을 말하는 것이 아니다. 오히려 제목과 내용을 전략상 어긋나게 함으로써 독자들의 주목을 끌 수 있는데, 이것은 수준 높은 글쓰기 전략이다. 이 전략은 잘 활용하면 큰 도움이 될 수 있지만, 숙련된 경험을 바탕으로 해야 성공할 가능성이 있다.

Ⅳ. 역지사지(易地思之)의 원칙

1. 독자를 고려한 글쓰기, 독자를 배려하는 글쓰기를 지향한다. 이를 위해서는 "내 글은 독자에게 어떻게 다가갈 수 있을까?"를 처음부터 고민할 필요가 있다.

- 자신의 글에서 핵심적인 개념이 처음 사용될 때에는 그 의미를 반드시 정의해야 한다. 개념 정의는 글에 대한 이해도를 높이고, 불필요한 오해로부터 글을 방어하기 위해 필수적이다. 특히 청소년 사이에서 유행하는 약어나 속어는 성인 독자들이 이해할 수 있도록 설명을 하는 것이 바람직하다.

- 직업적으로 논문을 쓰는 사회학자들이 청소년의 글에서 기대하는 것은 단연 참신성과 독창성이다. 그러므로 수준 높은 논문을 써야 한다는 강박 관념에서 벗어나 자신만의 '비판적' 사고 능력을 자유롭게 발휘하는 것이 중요하다.

여기서 '비판적'이란 결코 '비난'이 아니라, 관찰 대상으로부터 객관적 거리를 유지하는 것을 말한다. 사회학자인 심사위원들을 매료시키는 것은 청소년의 독자적이고 독특한 시각이 담긴 글이며, 바로 이것이 이 대회의 취지이다. 청소년은 많은 경우 특정한 사회적 문제에 직접적으로 연관되면서도 그에 관해 자신의 견해를 말할 기회를 갖지 못한다. 따라서 이 대회에서는 바로 청소년들이 문제의 당사자로서 자신들의 문제를 객관적 거리에서 성찰적으로 고민하고, 그것을 글로 표현할 수 있는 기회를 제공하는 것이다. 이것이 이 대회를 개최하는 가장 중요한 이유 중의 하나이다.

- 이 대회의 주최자는 사회학회이다. 물론 사회학은 사회를 관찰하는 다른 학문에 비해 폭넓은 관심과 관점을 지니고 있어서 관용도와 포용도가 높은 것이 사실이다. 그렇지만 사회학의 이론, 개념, 관점 등을 독자적(!)으로 활용할 수 있다면 심사위원들을 더욱 매료시킬 수 있을 것이다.

V. 이야기를 풀어내는 솜씨

1. 논문이든 에세이든 모든 글쓰기의 핵심은 이야기를 어떻게 전개하느냐에 있다. 글을 쓰면서 항상 염두에 두어야 할 점은 독자들이 나의 글을 끝까지 읽도록 하는 것이며, 이를 위해서는 다음의 항목들이 주효할 수 있다.
   - 호기심을 불러일으키거나,
   - 설득력이 있거나,
   - 저자의 주장이 공신력 있는 자료나 근거들로 뒷받침된 글.
   - 또한 이야기 전개의 집요함과 일관성이 필요하다. 자신의 문제의식을 시종일관 뚜렷하게 추적해야만 명료한 글이 될 수 있다.
   - 내용이 너무 장황하면 집중력과 흥미가 급격하게 떨어지며,
   - 지나치게 감정적이거나 불필요한 규범적 요구를 하고, 자신이 아는 것을 많이 자랑하고 싶어 할수록, 독자의 흥미는 줄어든다. 대회 참가자들은 누구나 열심히 자료를 수집하여 글을 구성하기 위해 고민할 것이다. 그런데 자신이 수집한 자료의 내용을 모두 글에 담으려 하면 글의 탄력과 설득력이 떨어지게 된다. 좋은 글이란 내가 아는 모든 것을 담아서 만들어지는 것이 아니라, 오히려 내가 아는 많은 것을 핵심적으로 간추려 냄으로써 완성될 수 있다.

VI. 글의 완성도 검토

1. 제목과 글의 내용은 일치해야 한다. 내용에 상관없이 거대하거나 너무 추상적인 제목은 독자들을 혼란스럽게 할 수 있다.
2. 의미가 불명확하거나 문법적으로 잘못된 문장 또는 어색한 표현을 다듬어야 한다. 예컨대 '분석될' 대신 '분석되어질' 또는 '증대되고' 대신 '증대되어지고'와 같은 억지스러운 수동태는 지양한다.
3. 글의 완성도를 높이는 좋은 방안의 하나는 다른 사람들에게 글을 읽어 보게 하여 의견을 듣거나, 혼자서 소리 내어 읽어 보는 것이다. 이를 통하여 어색한 표현들을 발견해 낼 수 있다.

논문 대회 참가 논문(에세이) 심사 기준

1. 참신성
   • 주제 선정, 문제의식, 문제 해결의 시도에 청소년의 참신한 시각이 드러나 있는가?
2. 독자성
   • 학교 선생님이나 부모 등 어른의 도움에 의존하지 않고 스스로 문제의식을 갖고 자료조사를 하여 원고를 작성하였는가?
   • 논문(에세이)의 내용을 구성하는 과정이 자기 주도적으로 이루어졌는가?
3. 완결성
   • 논문(에세이)의 제목, 요지, 구성이 어느 정도 일관성 있게 작성되었나?
   • 글의 구성이 어느 정도 자체 완결성을 갖추고 있는가?
4. 기여도
   • 제기된 논지가 청소년 문화와 학교생활의 발전에 얼마나 기여할 수 있는가?
   • 제기된 논지가 독자들에게 새로운 성찰적 관점을 제공하는가?